榎本澄雄
ENOMOTO SUMIWO

元刑事が見た発達障害

真剣に共存を考える

花風社

まえがき

発達障害のある人たちが社会の中でどうやれば社会の中で能力を発揮できるのか？

こう考え続けて十数年。様々な方面からソリューションを提供しようと努めてきました。

身体アプローチ＝言葉以前のアプローチと出会い、個々が発達する道筋には、かなり迫れたのではないかと自負しています。

そしていつかは、司法と発達障害の問題を取り上げた本を作ろうと思っていました。

それは発達障害のある人が罪を犯しやすいからではなく、「何をすればおまわりさんにつかまるか」を知っておけば、かえって自由にのびのびと生きられるからです。

「やってはいけないこと以外はやってみていいことも案外多い」のが社会で生きるということ。

自由を謳歌する中でこそ、自分の適性に合った仕事や生き方が見つかるかもしれません。

そしてだからこそ、「やってはいけないこと」を知っておくのは大事です。

なぜ私がそれほど「自由」にこだわったか。

それは「発達」を追い続けるうちに、自由と主体性こそが必要なものだと、信じるに至ったからです。

けれども必ずしも支援の現場では自由と主体性が重んじられていません。

何が大切か、を明確につかんでいないから、支援者も含め、とにかく社会が怖くなってしまっているように見えます。

知識は、生き抜くための武器であり道具です。

社会を等身大に見せてくれて、怖いところではないと教えてくれる。それが知識です。

司法の論理についての知識は、何を覚えておかなくてはいけないかを教えてくれます。

と同時に、「どんな矯正が実はさほど必要ではないか」の道しるべにもなるのです。

自由に生きてこそ、開花できる資質もあります。

今回、「自由に生きるための知識」を得るために、うってつけの人とめぐり合いました。

その人は、私の恩人でした。

かつて私が抱えた事件の担当刑事さんだった人でした。

私がもらい事故のように抱えることになったトラブルに真摯に対応してくれた人が、いつの間にか民間人になり、発達凸凹のお子さんたちの支援にかかわっていました。

捜査の経緯を思い出すと、この人が特別支援教育に向いている、ということが私には確信できました。

警察の現場を離れ、凸凹なお子さんたちとかかわり始めた元担当刑事さん。

その人に、特別支援教育と縁を得た今だからこそ語れる社会の仕組みを存分に教えてもらったのがこの本です。

どうぞ読んでみてください。

浅見淳子

目次

第一部

共存のためのルールを知る

第一章
警察と特別支援教育

元担当刑事が、支援の現場で仕事をしていると聞いて

浅見　榎本さん、本日はありがとうございます。「まえがき」にも書きましたけれど、こうやって著者になっていただく前に、榎本さんと私は独特なご縁で出会いましたね。私が名誉毀損の被害を受け、告訴人として告訴状を警察に提出したとき、それを受理して捜査・送検まで担当していただいたのが当時警視庁、麻布署、知能犯担当係の刑事だった榎本さんだったという――まあ普通はあまりないようなご縁ですね。

榎本　そうですね。

浅見　あの事件は私が発達障害を手掛けていく上で、大きな転機となった事件でした。
榎本さんとしてはご存じなかったでしょうけど、実は榎本さんは仕事の上で、私にとって

大恩人だったのです。

榎本　全く知りませんでした。

浅見　あの事件は加害者が自閉症者だったわけですが、実のところ、自閉症の人たちと社会の架け橋になるはずの支援者たちには無気力対応《しんだふり》されました。「自閉症児者に支援を！」と声高に叫ぶ支援の人たちも、自閉症の人が加害者になった場合にはなすすべもないのを知りました。一方で司法はきちんと被害を受け止め、こちらの処罰感情を理解し、対応してくださった。そのことをきっかけに、私は「発達障害を理解してもらう」路線から「発達障害者にも学習、成長のチャンスを」という「修行路線」へと舵を切ったのです。

榎本　なるほど。

浅見　もっともあの事件の前から支援の世界には疑問を抱いていました。「こんなに社会の理解を訴えることだけが支援なのか」と不思議だったのです。そしてあの事件がはっきりと「当人や保護者が自分でできることを探した方が社会との共存の近道である」と私に教えてくれたのです。

榎本　そうだったのですか。

浅見　はい。そしてある意味、結果的に私だけではなく発達障害にかかわる多くの人たちにとっても榎本さんは恩人になったのかもしれません。私がはっきりと「修行路線」に舵を切ったのは二〇〇九年で、それ以降数年かけてじょじょにじょじょに賛同者が増え、発達障害関係者の中で、一つのクラスタを形成するに至ったからです。今では多くの当事者保護者が、社会に理解を求めるだけではなく社会と共存しようと修行をしています。そして夢をかなえています。

それだけあの事件は、発達障害の世界に影響を与えました。榎本さんとしてはただ、公務員として粛々と業務をこなしたおつもりだったでしょうが。

榎本　その通りです。

浅見　私自身も「榎本刑事にはきちんと対応していただいた」という印象を持ちましたし、実際に警察勤務のころは仕事のできる刑事さんだったことを証明するように表彰もたくさん受けていらっしゃる（警視総監賞四件、刑事部長賞七件、組織犯罪対策部長賞三件受賞）。その榎本さんがなぜ警察を辞めたかはこの本の最後に語っていただこうと思っていますが、まあとりあえず安定した公務員の身分がなくなり、在野で様々な職場に携わったわけですね。そしてその中に小学校の特別支援学級や発達障害児向けの児童デイが含まれていると知って、「ああ、特別支援教育・発達支援には向いていらっしゃるだろうな」と思ったのです。

榎本　そうですか。

浅見　はい。どうしてそう思ったかというと、私はあの事件でうちの著者の自閉圏の翻訳家ニキ・リンコさんの参考人としての事情聴取のとき、立ち合わせてもらったからです。事件そのものの詳しい経緯は『自閉症者の犯罪を防ぐための提言』に書いてあるのでここではくどくど書きませんが、ニキさんもポジションとしては一応被害者側でした。奇妙なかたちでしたが、加害者も自閉症者なら、被害者側のニキさんも自閉圏の人、という事件だったのです。だからニキさんには被害側として捜査に協力してもらう必要がありましたけれど、慣れない場所で慣れない人と話してもらうのが私は心配で、同行させていただきました。

そしてそのときの事情聴取を見て「この刑事さんはなんと自閉圏の人とのコミュニケーションが上手なのだろう」と感心したのです。そしてその後加害者側にも捜査が入り、送検に至るまでのやりとりを報告していただきましたが、それを聴いても加害者は刑事さんを敵だとは思っていないな、むしろなついてさえいるのではないか、という印象を持ちました。

榎本　おそらくそうだったと思います。

浅見　それをスキルと呼んでいいのか技と呼んでいいのか、あるいはやり方なのかノウハウなのか、よくわからないのですが、とにかく「上手だ」と思ったのです。そして今、発達凸凹なお子さんたちを支援する仕事をしていると聞き、「上手なんだろうな」と思ったのです。

おまわりさんにつかまらなければ、自由に生きていけるはず

榎本　確かに、警察官としての修行が発達支援の仕事に活きているところはあります。治安を守るために一般市民に味方になってもらう、というのが警察の立場です。そしてそれは被疑者も例外ではありません。刑事としての訓練を積む上で私が尊敬する諸先輩方から学んだのは、「被疑者もクライアント」だということでした。被疑者も被害者も、そして弁護士さんなどその他の関係者もクライアントと考えることは、刑事としての仕事の中で学びました。

浅見　被疑者もクライアント？　被害者だけではなく被疑者もですか？

榎本　はい。そうです。

ただし警察について語る前にはっきりさせておかなければいけないことがあります。それは、私は今の時点ですでに、警視庁を辞めて五年経っているということ。そしてこれから遵法教育について語るわけですが、法律家ではないということです。あくまで過去に現場の刑事だった人間が、短期間特別支援教育の現場を見て「被害者となるリスクも、加害者となるリスクも避けるためにできることがあると思った」。その経験をお話しするということです。

浅見　了解しました。そのお立場ははっきりさせておいた方がいいですね。

では私の方もはっきりと、なぜ今発達障害の世界に遵法教育が必要だと思うか申し上げておきましょう。なぜ遵法教育が必要だと思うか。それは発達障害の人にとって、自由に生きるのが大事なことだからです。学校の理想とする「いい子」になんかならなくていい。「普通の子」を目指すも目指さないも自由。「普通」が合っている人は目指せばいいし、合わない人は自分の個性を作りあげ、その個性で生きられる環境を探したり作ったりすればいい。私はそれが可能だと思っています。発達障害があっても、自由に個性を発揮し、活躍して社会を潤す人になることはできると思っています。

でもそのとき、最低限抑えておかなければいけないルールがあるでしょう。そのルールを犯してしまって、おまわりさんにつかまったら、自由どころではないでしょう。自由に生きるためにこそ、「何をすればおまわりさんにつかまるか」知っておくことはとても大事です。そして警察こそが、一般市民の平和を守る組織であるはずなので、その論理を知っておくことは自由に生きるために大事だと考えたのです。

正義の味方のはずなのに、なぜか嫌われるおまわりさん

浅見　でもなぜか、正義の味方であるはずのおまわりさん、というか警察は市民に嫌われて

いるところもありますが。被害者になったときには、心強い存在であるはずなのに。

榎本　嫌われる理由もわかります。私自身、高校生のときには警察官になどなりたくありませんでしたから。けれども、警察が何を守ろうとしているかわかってもらえば、警察に対する悪いイメージも変わるかもしれません。

浅見　そういう役割をこの本が果たせるといいですね。障害のある人も、被害者になったとき、あるいはそれを未然に防ぐとき、警察を味方にできるはずですから。

もっとも私自身は、別に警察に悪い印象はありません。警察とのかかわりといえば交番で道を聞いたり、あとは榎本さんにお世話になったくらいですから。そしてたいていの人は訴えることも訴えられることもなく一生を終わるはずです。なのになぜか、一般に警察は嫌われていることも多いようです。それが不思議です。

榎本　「警察は何を守っているか」を知ってもらえば、そういう誤解も解けるかもしれません。まずはそこからお話ししましょうか。

浅見　お願いします。

警察は何を守っているか

榎本　例えば浅見さんはあの事件で名誉毀損という被害を受けました。そして告訴しました。そして警察はその告訴状を受理し、事件としました。そうやって被害者からの訴えをもとに事件化し、対処していくことが警察の役割です。そうした任務を通じて警察が何を守っているかというと、浅見さんのおっしゃるとおり人々の自由な活動を守っているのです。人々の自由な活動を保障するために警察は任務についているのです。警察が守るから、皆さんは自由な活動をして社会を潤わせてください、ということです。

> **警察は、人々の自由な活動を守っている。人々が自由な活動をして社会を潤していけるように。**

浅見　なるほど。たとえば私は出版社をやっていた。合法的な活動をしていた。けれども違法性がある活動をしていると事実無根の主張をして誹謗中傷する人がいた。その誹謗中傷はきちんと捜査してその結果を検察に送る。すると検察がさらに取り調べをし、起訴するかしないかを判断し、起訴すると裁判が行われ裁判所が処罰するかどうか、するのならどれくらいの量刑かを判断をする。そうやって法に則った手続きを経て処罰することによって加害者の人権も守る。そして被害を受けた人でもその後も自由に合法的に出版活動をするのを応援してくれているということですね。

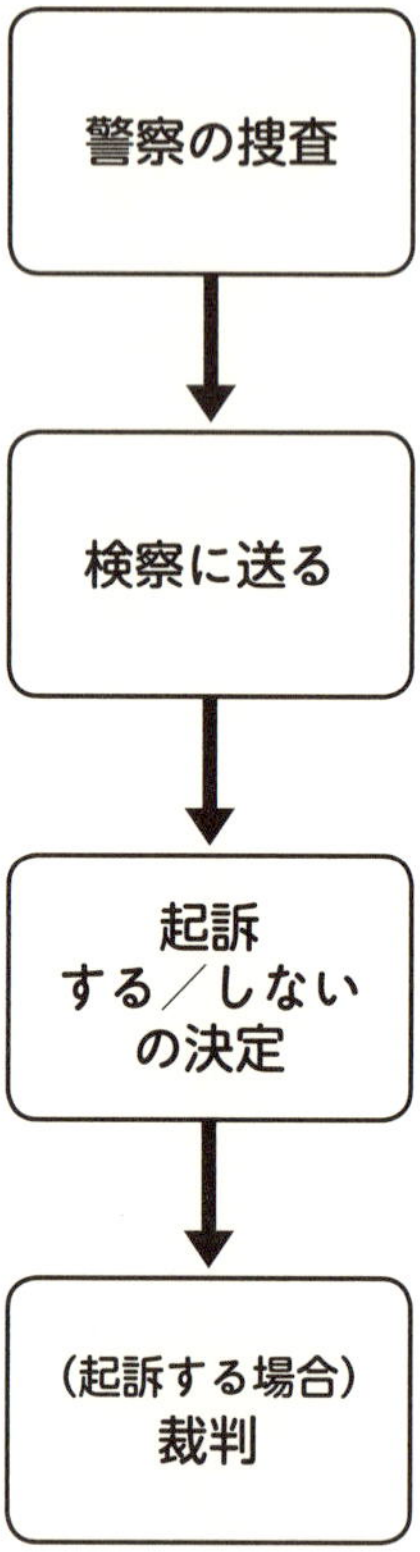

榎本　そうです。そして警察は自由で平和な世の中をつくるために市民に協力してもらわなくてはなりません。そして被疑者も事件が終わり、罪を償えばもう一般市民です。

浅見　そうですね。

被疑者とも「波長」を合わせる

榎本　私が警察で出会ったのは、自分が送検し有罪になり懲役を終えて出てきた元被疑者に「どうしてる？　頑張っているか？」などと電話をかけたりしていた刑事の先輩方でした。そういう諸先輩方の姿から、私は学んできました。「被疑者もクライアント」ということは「被疑者も市民であり、よき世の中を構成する一員である」ということです。

浅見　なるほど。

榎本　職務遂行のためにも先輩刑事からは、「人たらしになれ」と教えられていました。よき刑事であるためには人たらしになれ、と。

浅見　人たらし？　男たらし、女たらしという言葉がありますね。どっちかというと今はあまり流通していない言葉ですが、まあ要するに「もてる」ということですね。だから「人たらしになれ」とは「人に好かれよ」ということですか？

榎本　はい、そうです。

私は警視庁麻布署で刑事として知能犯を担当していました。詐欺・横領・名誉毀損などの事件を扱うのですが、六本木駅のすぐそばにある麻布署は土地柄著名人が多く、企業も多く、忙しい署です。そこで先輩、上司に追いつくために捜査手法を覚え、捜査資料を集めていました。そして、職務質問、聞き込み、裏付け捜査等、取り調べに必要な人間性は「人たらし」だと言われていました。外見的な清潔感や人間的な魅力も必要だということです。

浅見　そうなのですか。私が「加害者は榎本刑事（当時）になついているのではないか？」と感じたのは間違いではなかったのですね。

榎本　そうかもしれません。取り調べのときには、相手に波長を合わせることを大切にするので、被疑者側から信頼されることも場合によってはあり得るかもしれません。

浅見　そうなのですか……。そういえばニキさんの事情聴取のときに感じた「上手さ」も榎本さんがニキさんに波長を合わせていたからかもしれませんね。自閉圏の人に波長を合わせるって、そんなに普通の人にとって簡単なことではないのですが。

ニキさんにしても、慣れない警察署という場で、テレビドラマで見るように窓に格子がかかっている部屋で、初めての人に出会うなんてハードルが高いことだったはずです。それでもニキさんはリラックスしていました。

警察官が先輩から受け継いできた文化の中では「波長を合わせる」ことが大切にされているのですね。そしてそれは、被害者や参考人だけではなく被疑者にも適用されるものなのですね。

榎本　相手に波長を合わせることはとても重要だと思います。

対人捜査のときには被疑者にも「波長を合わせる」ことを大事にしてきた。

浅見　波長を合わせる、って具体的にはどういう風にやるんですか？

榎本　イメージとしては、手の甲と手の甲をつかず離れず、太極拳の推手（編注：中国武術の練習方法の一つ。相対した二人が腕を触れ合いながらタイミングを合わせて動く）や聴勁（編注：中国武術で相手の動きを読むこと）のような、剣道で剣尖を合わし牽制するような、けん銃の照星・照門（編注：照準装置）をゆらゆらと合わせるようなイメージ。ガチガチに力が入ると、けん銃は当たらないんです。構えると、必ず揺れるんです。

浅見　そうですよね。人間の身体ってそうですよね。完全に止まるのは無理ですよね。

榎本　だから、揺らぎの中で的を絞るんです。そうするとゆらゆら揺れている中で当たるんです。といっても別に自分はけん銃がうまくはないのですが、そうやった訓練を対人関係に適用して「波長を合わせる」ことを体得していきました。

浅見　相手をがっちりつかむのではなく、ゆらゆらしていてつかず離れずで相手の出方を見て、そこにさっと合わせるという感じですか？

榎本　そうですね。だから、相手の空気を読むことは大事だし、そういうトレーニングを受けます。

浅見　空気を読むトレーニングとは？

榎本　たとえば刑事になって最初の一、二年は、徹底的に先輩たちのお茶くみをさせられるんです。

浅見　刑事さんが？

榎本　そうです。そこで、他人の顔色を伺うことを覚えるんです。今疲れているな、お茶をほしがっているな、とか。

浅見　お茶くみが空気を読む訓練なんですね。

榎本　そうです。そもそも他人の顔色を伺うことが一番得意なのは、組織の中で一番下にいる人、一番虐げられている人でしょう。

浅見　なるほど、そうですね。家庭でもそうかも。

榎本　一番下の立場で他人の顔色を伺う。それが刑事としての修行の土台なんです。

浅見　一般の人々が抱く刑事のイメージとはかなり違いますね。まあ、私たちが映画やテレビドラマのイメージにとらわれているだけかもしれませんが。

榎本　一般の方には、刑事は取り調べのときに机どんどんと叩いて「吐け！」とか言うようなイメージがあるかもしれません。

浅見　あと、かつ丼で釣ったり。

榎本　そういう取り調べが行われた時代もあったでしょうし、行いがちな刑事もいるでしょう。けれども私が教わったのは、まず信頼関係を築くことでした。

浅見　それは、被害者とだけではなく被疑者ともですか？

榎本　そうです。まず信頼関係を築くのが交渉術だと習いました。

！被疑者とも、まずは信頼関係を築くのを大事にしてきた。

行動の変化をもたらすまでのプロセス

榎本　警察は自由な活動を守る。それを邪魔する犯罪を起こす者がいる。それを捜査する。

そして最終的には、被疑者の「行動の変化」を導き出したいわけです。それが目的です。

浅見　そうですね。悪いことをした人には、行動を変えてもらわないと。

榎本　そのために頭ごなしに怒鳴りつけても効果はありません。

浅見　なるほど。それは警察だけではなく学校でも職場でも同じですね。では榎本さんは何から始めますか？

榎本　まず「興奮の鎮静化」から始めます。

浅見　なるほど。そこがスタート地点なのですね。

榎本　そして「感情の共有」を経て、「信頼関係の醸成」ができて、ようやく「影響力の行使」が可能となり、「行動の変化」へと至るのです。解決を急ぐあまり、この流れを飛び越えた交渉をしてはならない、ということを教わりました。

【行動の変化をもたらすまでのプロセス】

興奮の鎮静化 ↓ 感情の共有 ↓ 信頼関係の醸成 ↓ 影響力の行使 ↓ 行動の変化

刑事の経験が特別支援教育に活きるとき

浅見　なるほど！　机どんどんで「吐け！」でもなく、かつ丼出すのでもなく、まずは興奮を鎮静化する。そしてたとえ相手が関係構築するのが難しい人であっても信頼関係を醸成する。そういう修行を先輩から受ける機会があるのですね、警察官は。少なくとも榎本さんはそういう文化に育てられた。

だとするとそれは発達障害児者支援にも適用できる。というか、そういうトレーニングを受けた人が発達障害者支援にいきなり入ってきても支援者として機能できるのはわかります。でも考えてみたら発達障害の支援に携わっている人でも、やたら感情を共有したがる人がいます。それが逆効果に出ていることもあるような気がするんですが、効果があるのとないのではどこが違うのでしょう?

榎本「感情の共有」とは「感情を理解すること」で、「同情」や「同意」ではないとされています。また、学校の先生とか、あるいはたくさんは知りませんが心理士さんとかは、「権威をもってする人」になりがちなのかもしれません。

浅見　ああ、そうかも。立場的にどうしてもそうかもしれません。

榎本　でも私が受けた訓練は「好意をもってする」ことでした。
浅見　好意をもってする？
榎本　具体的に言うと、相手に好意を持ってもらうのです。
浅見　被疑者にもですか？
榎本　そうです。被疑者にもです。そのやり方がどうも、発達支援でも役に立つのではないかという実感を持っています。
最初ご縁があって特別支援学級の子どもたちをみてくれ、と小学校の副校長先生から電話がかかってきたとき、「特別支援学級？　自分にできるのかな？」と思いました。でも「たぶん大丈夫」と言われてやってみたんですけど、授業や発達凸凹の子どもたちを連れての合宿などのとき、私は支援者としてはタフな方のようでした。子どもたちは何しろ元気ですから、他の支援者の方がぐったりしていても、私はわりと平気という場面も多かったです。
宿泊学習は、いつもと違う環境で、一般の方々と遭遇することも多いので、危険が伴いやすいという点と移動時間が決まっているという点で、神経はかなり使います。
浅見　ですよね。子どもたちには学習の機会、親御さんにはレスパイトの機会なのですが、引率の先生たちにとっては大仕事ですよね。
榎本　そしてよく振り返ってみれば、浅見さんの告訴した事件を二〇〇九年に受理して、二〇一一年に送検したわけですが、その間発達障害に関する資料も読んだし、高名な研究者に会って責任能力について意見書も書いてもらったり、発達障害について集中的に学んでいたんですよね。そこに戻ってきたと言えるかどうかわかりませんが、ああ、思い起こせば発達障害と縁があったんだなあ、という感じです。

まずは好意を持ってもらうことを大切にするのは、捜査でも支援でも同じ。

「何をすればおまわりさんにつかまるか」を知っておこう

浅見　そうやって榎本さんが発達障害にご縁ができた、と知ったところで私は、「民間人になった榎本さんに取材すればかねてから抱いていた疑問に答えの手がかりが得られるかもしれない！」と思いこの本の企画を思いついたのです。

それは、発達障害の人に何かを強制するのではなく、できるだけ自由に生きてもらいたい気持ちの現れかもしれません。

発達障害の人に何かを強制するのではなく、できるだけ自由に生きてもらいたい気持ちがこの本を生んだ。

浅見　先ほどもお話ししたとおり、二〇〇九年、あの事件をきっかけに私は路線を切り替えました。そしてそれ以降私たちは――、いうのはそれ以降出会った読者や著者ということですが――発達障害の人たちの生きやすさを追求してきました。そして、凸凹の人でも資質が開花すればむしろ凸凹を活かして生きていけることを知りました。

榎本　私自身、警察の仕事でもそれ以外の仕事でも愛すべき凸凹な人たちが才能を活かして生きているのを目撃してきましたので、それはよくわかります。

浅見　そうなんです。一般社会で凸凹を活かしていける人たちがたくさんいるはずなんです。そしてそのためには、自由と規律、両方が必要なはずなんです。一方で従来型の発達障害の支援者たちは「ありのままでいいんだよ」が好きなんです。

榎本　ありのままでいいんだよ？

浅見　はい。私が発達障害にかかわり始めたころには、「ありのままでいいんだよ」の路線がメインストリームでした。ただでさえ発達障害の人たちは生きづらいのだから、私たち一般人、健常者たちは（彼らからどのような迷惑行為を受けても）ありのままに受け止めて理解するのが大事、という考え方です。本人たちは障害を持っていてつらいのだから、社会が我慢すればいいという考え方です。当時、えらい先生がそうおっしゃるので私もそんなものかと思っていたのです。

榎本　それは違いますね。

！社会が一方的に我慢すればいいという考え方では共存の道は遠のく。

支援者たちは守られているか？

浅見　違いますよね。だんだん、実際に支援のありかたを見ているとこれは違うんじゃないか、少しは本人たちの変化を志向しないといけないんじゃないか、と思うようになりました。

発達障害があるから、と社会のルールや他人への配慮を教えずやりたい放題やらせておいて、それを社会に理解せよというのは無理筋です。極端な話、就労支援の人たちが発達障害の人を連れてきて、「この人は遅刻もするし欠席もする。でも雇って」と言ってきたら企業だっていやになってしまうでしょう。そして雇ってもらえなかったり首になったりすると「社会の理解がない」と罵倒するような感じ。これが通用しないことを、自分自身の被害体験で身に染みて理解できたのです。

でも私はマシな方でした。はっきりと被害を認識し、法に訴えることができたからです。そして榎本さんたち、きちんと対応してくださる司法関係者と出会えたからです。

けれども「発達障害があれば何をやっても許される」という支援の世界の風潮のせいで、今このときも苦しんでいる人たちがいるのです。それは、外ならぬ現場の支援者たちかもしれません。入所施設で働いている支援者が利用者に殴られる。就労支援施設で働いている支援者が利用者にセクハラされる。そういうときに、上司は部下である支援者を守るより、「利用者には障害があるのだから」と支援者に我慢させることを選びがちなようです。これから労働力不足になる中、福祉が人材確保に苦労することは目に見えているのに、支援者たちが守られていない現場に人が集まるでしょうか。

だから、たとえ障害があってもきちんと法を守ってもらうことを教えるのは福祉を守ること、つまりご本人たちのためでもあるし、私はご本人たちにそういう力があると信じているのです。この本のテーマを「真剣に共存を考える」にしたのはそういう理由です。

榎本　現場でお子さんたちを見ていると、他害をするお子さんもいます。おそらく特別支援教育の現場から自分のような経歴の者にお声がかかったのは、そういうお子さんへの対応も必要だからかもしれません。

浅見　小さいうちはまだ、力も弱いですよね。でも他害をしてはいけないことを教えてもらえずに十八歳になったとき、被害は一番自分を世話してくれるはずの支援者に及んだりすることもあるのです。

榎本　でしょうね。想像できます。

浅見　だから、それを防ぐ方法を一緒に考えていただきたいのです。発達凸凹の人が法を守る大人になる方法を考えていただきたいのです。

！障害のある人が法を守ることとは、その人たちをケアする支援者の権利を守ることでもある。

浅見　一方で支援者たちがどんなに牧歌的なことを言っていても、「うちの子は（たとえ障害があっても）社会に迷惑をかけない子に育てたい」という志を持ってお子さんを育ててきた人はこれまでもいました。そしてそれはきちんと報われているんです。実際にお行儀がいいし、だからこそ福祉の中でも大切にされ、外の一般社会でも受け入れられている。
　ところがきちんとしつける方針を持っている親御さんがしばしば「強硬派」に見られたりするから不思議なんです。「障害がある子にしつけなんて、かわいそう」と支援者でさえ真顔で言うことがあり、不思議なことにきちんとしつけていることで、「障害のある子に残酷だ」と非難されたりもするんです。だから花風社としてはそういう人たちを応援してきました。こういう本を出したりしましたよ。この中では性の問題も取り扱っています。

『自閉っ子のための道徳入門』

榎本　性の問題は、加害側になるにしても被害側になるにしても、本能に基づく、いわば「脳幹に根ざした」問題だと思うので、深刻だと思います。そこで被害者にも加害者にもならない方法も、いくつか提言していきたいですね。

浅見　性の問題は本能と同時に社会性、対人関係の問題をはらみ、他人の生理的領域に立ち入るおそれのある問題です。「本能のありのままでは他人の尊厳にとって許されないかもしれない」領域です。そして、自閉圏の女性は被害に遭いやすい、という実感もあるし、親御さんたちも大変に心配されているのです。

！ 自分と他人の尊厳。その両方を尊重する姿勢は社会で生きる以上障害のある人にも必要である。

自由に生きる、とは発達障害の人にとっても大切なことである

浅見　そうやって人の中で暮らすには一定のルール、他人の権利への配慮をすることが必要。そして一方で、先ほども触れたように、「資質の開花」が発達障害の人たちを生きやすくするのを見てきました。学校の先生が言うようないい子でなくてもいいから、その子が持っている得意なことも不得意なことも活かして生きていくと幸せ。「資質の開花」について詳しくは『脳みそラクラクセラピー』や『愛着障害は治りますか？　自分らしさの発達を促す』等の愛甲修子さんの本に譲りますが、普通になれない人たち、普通の枠に入れると不幸な人たちも自分の資質を活かして生きていけるという考え方です。

榎本　私も警察の内外でそういう偏りを活かして仕事をしている人に出会ってきたので、それはよくわかります。

浅見　そのためには過度に型にはめるのではなく、ある程度本人が持っている発達する力を信頼した方がいいようです。精神科医の神田橋條治先生は「凸凹の人は優れた変人を目指すといい」とおっしゃっています。

でもいくら「変人でもいい」とは言っても、おまわりさんにつかまらないことは大事です

よね。
榎本　その通りですね。
浅見　だから「おまわりさんにつかまるのはどういうことか」を踏まえておけば、あとは自由に生き、好きなように資質を開花できるのではないかと思ったのです。そして最低限のことを守ることを覚えるために義務教育はあるので、元刑事の榎本さんがその義務教育の現場に入ってどう感じたか、どう対応したかを教えていただこうと思ったのです。

自由に生きるためにこそ、「何をすればおまわりさんにつかまるか」を知っておくのは大事である。

「何をすればおまわりさんにつかまるか」は実はとてもわかりやすい

榎本　わかりました。自由に生きるためにこそ、何をするとおまわりさんにつかまるかを踏まえておけばいいということですね。実は、何をするとおまわりさんにつかまるか、の基準は、とてもクリアです。
それは警察法で定められているからです。引用しましょう。

【警察法】
●警察の責務
〔第二条〕警察は、個人の生命、身体及び財産の保護に任じ、犯罪の予防、鎮圧及び捜査、被疑者の逮捕、交通の取締その他公共の安全と秩序の維持に当ることをもつてその責務とする。

（編注：法律条文引用について、条は漢数字、項はアラビア数字で表す。但し本文中の項は漢数字とする。第1項は数字を省略する。以下同）

警察官は人々の生命、身体、財産を守る。これが役目なんです。これ以外に名誉等もありますが、とにかく生命、身体、財産。これが警察が保護すべき国民の利益、保護法益です。

浅見　なるほど。基準はクリアなんですね。

榎本　はい。警察官は、「生命、身体、財産」と念仏のように唱えるくらい気をつけているんです。そして人の生命を脅かす脅迫も対象になります。実際に人の生命を奪うことだけではなく、「殺すぞ」と脅かす行為も対象になります。

浅見　つまり、よき市民として、というかもっと具体的に言うと、罰則を受けない自由な市民として世の中をわたっていきたいのなら、他人の生命、身体、財産を壊したり、脅かしたりしてはいけないわけですね。それをやると、おまわりさんにつかまってしまう。

おまわりさんは誰かの「生命、身体、財産」が脅かされていると動く。

榎本　はい。そして重要性に順番があります。まずは生命。なんといっても生命があれば回復はできますから、生命を奪うことは一番罪が重い。そして次に身体。そして財産。財産がどうでもいいわけではないですが、とにかく一番重視すべきは生命です。そして名誉・信用。個人・法人が持っている名誉を守ることも警察の職務です。

浅見　なるほど。

責任能力を判断するのは警察ではない

浅見　そういえばこれまで、障害がある人が「これっぽちのケースで逮捕・送検されてしまうのか」という声を支援者サイドから聞いたことがあります。それが福祉現場が抱く「なんとなく警察は敵」な気分を醸成してきたかもしれません。そしてそうしたケースを今思い起こしてみると、たしかに他人の生命、身体、財産が絡んでいると警察は動くんですね。たとえ障害がある加害者でも。

榎本　たとえば教育現場で手が出てしまうお子さんを見ていると、その相手を傷つける意図があるわけではなく、フラッシュバックが起きているんだな、とわかることがあります。

浅見　そうなんです。わかるんですね、榎本さんには。

榎本　目や気配でわかります。

そういう行動を止められないまま大人になって、駅で前に並んでいた人を突き落としてしまったとします。そして、不幸にもその時入ってきた電車にはねられて突き落とされた人が亡くなってしまった、というケースがあったとします。けれども突き落とした側には障害がある。

浅見　そうしたら警察はどうしますか。

榎本　警察としては逮捕しますよ。それは逮捕します。他人の生命を奪ったのだから。

浅見　そうかあ。生命が奪われたわけですものね。でもそこで加害側に障害があることがわかると、しばしば福祉側は「責任能力がないのに！」と抗議するのですが。

榎本　逮捕しても勾留するかどうかは決まっていませんし、そもそも誤解していただきたくないのは「責任能力があるかどうか」を決めるのは警察ではなく裁判所だということです。

浅見　ああ、たしかにそうですね。そこを区別できていなかったかもしれません。

榎本　障害のある人が事件を起こすとよく引き合いに出される刑法三十九条をあげておきましょう。

【刑法】

●心神喪失及び心神耗弱

［第三十九条］　心神喪失者の行為は、罰しない。

2　心神耗弱者の行為は、その刑を減軽する。

責任能力とは、行為能力より上位の能力で、事理弁識能力、是非善悪弁別能力、行為制御能力が含まれます。犯罪をしない期待の可能性の有無ですね。行為時の状況下で違法行為をせず、適法行為を選択する可能性のことです。

そしてこの責任能力、心神喪失または心神耗弱だったかを、最終的に判断するのは裁判官、裁判員です。その結果

> **心神喪失は、責任能力を欠くので、無罪となる。**
> **心神耗弱は、責任能力が著しく減退しているので、刑の必要的減軽をする。**

という結果が出るかもしれませんが、それは裁判所の判断であり、警察としては「生命、身体、財産」が脅かされた以上捜査しなくてはならないのです。

責任能力があるかないかを判断するのは裁判所である。「生命・身体・財産」が脅かされれば警察が加害者を逮捕しても不当ではない。

浅見　なるほど。

よく障害のある人が事件を起こし逮捕されるといわゆる人権派弁護士と呼ばれるタイプの弁護士さんたちみたいな人たちが出てきて警察の横暴をなじったりするのですが、警察は誰かの生命、身体、財産を脅かした人がいたら捜査しなければいけないのだから、その必要上「逮捕せざるを得ない」状況もありうるのですね。そして最終的に無罪か有罪かを決めるのは裁判所、ずっと先の話。考えてみたら逮捕＝有罪ではないですもんね。えらい人が逮捕されるニュースなんかがあると、社会的な死みたいにみんな思うかもしれないけど、日本の法律の原則は推定無罪。逮捕＝人生の終わり、ではありません。

逮捕の時点では「推定無罪」であり人生の終わりではない。

留置場の看守の経験が特別支援教育に活きている？

榎本　ただ、逮捕されることの悪影響はあるし気分は悪いと思いますよ。多くの場合勾留されますしね。私も留置場の看守の経験はあるんですけど、留置場はいい場所ではないです。独特の匂いがあるし。

浅見　要するに、臭いんですか?!　それは貴重な情報です。

榎本　留置人は、毎日お風呂に入れるわけではないです。季節によって、週に二回とか三回とか決められています。だから、特有の匂いがあります。

浅見　案外、そういう情報こそ遵法教育に役立つ情報かもしれません。発達凸凹の人は、感覚が過敏な人も多いんですね。だから「他人の生命、身体、財産を脅かしたら臭い場所に入らなきゃいけない」っていうだけで「絶対悪いことはしない！」って肝に銘じる人は多そうですよ。

榎本　なるほど。看守も精神的にきつい仕事なので、他の県警の事情は知りませんが私のいたところでは二年くらいで交代していました。

浅見　どうきついお仕事なんですか？

榎本　まず、留置人にはなかなか、言うことを聞いてもらえません。

浅見　そうでしょうね。

榎本　これはよくない発言かもしれないけど——つまり、こんなこと言ったら特別支援教育の関係者の皆さんに怒られそうですが——実は留置場の看守の経験が特別支援教育の現場で役に立ったような気がします。

浅見　ああ、その発言は支援の世界では顰蹙を買いそうですね。でも実感なのでしょうね、榎本さんの。

榎本　やはり顰蹙を買うでしょうね。でもそれはなぜかというと留置場を知らないからだと思いますよ。

浅見　たしかに私たちは留置場がどんなところか知りませんけど。

榎本　もちろんいい場所ではないですよ。自分で水一杯自由に飲めないし。看守は「担当さん」と呼ばれていますが、いわば至れり尽くせりで留置人の世話をしているとも言えるかもしれません。水がほしいと言えば水をあげるし、のんでいる薬があれば時間になったらのませてあげるし、なくなったら病院に薬を取りにいくのも看守の役目です。けれども留置人に自由はないですね。図書も閲覧制限があるし、ボールペンも自傷・他害の恐れがあるということで普通のものは持てません。先があまり出ないような特別なボールペンしかないし、食事のあとは割りばしも一本残らず回収します。電気は就寝時も消えません。だから毛布をすっぽり顔にかけたくなると思うんですけど、それも許されていません。

浅見　なんでですか？　なんで頭から毛布をかぶってはいけないのですか？

榎本　自殺防止です。留置場は逃げたい、死にたい気持ちが強くなる場所ですから。だから、自傷・他害を防ぐこと、フラッシュバックに対応することが看守にとっては大事な仕事なんです。

浅見　自傷・他害を防ぐこと、フラッシュバックに対応することが大事なお仕事なら、そういう意味ではたしかに、特別支援教育の現場と似ているかもしれませんね……。

！ 自傷・他害を防ぐこととフラッシュバック対応することはどちらの現場（留置場・学校）でも大事。

言うことを聞いてくれないときには

浅見　それで、「毛布かぶらないで」って言ったら留置されている人は、言うこと聞いてくれるものなんですか?

榎本　聞いてくれないことも多いです。どうやって言うことを聞いてもらうか、試行錯誤です。特別支援教育の現場でも大変なお子さんを見ている人の中にはエネルギーを吸い取られて疲弊している感じの人もいますが、看守もストレスで倒れることがあります。そしてどういう看守が倒れるかというと、いつもイライラして留置人に怒ってばかりいる人が倒れるんです。

浅見　そうなんですね。

榎本　特別支援級でも、通常学級の凸凹キッズ対応、あるいは保護者対応でも、先生たちは「エネルギーを吸い取られる」感覚のようです。こちらの方が新入りなのに「どうして、榎本先生はあの大変な子たちとずっと一緒にいて平気なんですか?!」とたまに質問されることがあるほどです。私がなぜイライラしないかというと、生命・身体・財産への危害（自傷・他害などの実害が中心）以外、ゆったりと構え、ほぼ大目に見ているからです。

浅見　それなんですよね。「おまわりさんにつかまらなければ自由でいい」って、そういうことなんです。どうも教育の現場って、どうでもいいことを教えよう、矯正しようとやっきになる割には自分や他人に害が及ぶことには無頓着な印象が私などにはあるんです。

学校はどうでもいいことを矯正したがる傾向があるかもしれない。

榎本　子どもがキレることより、自分がキレることが、一番怖いですよね。それが子どもたちへの対応にも影響を与えてしまう。だから、体調は万全にするように気をつけています。寝不足とか、絶対にならないように気をつけています。

たとえば子どもたちには、こちらが怒って大声を出しても、刺激するだけで全く通用しない。恐怖感を与えて卑屈にしてしまうか、恨みに思って、後で自傷・他害につながります。学校現場だって先生の手が出てしまうと、それだけで今までの信頼関係は終了するでしょう。

留置場の看守を務めていたときの上司などは、留置人にも決して上から目線ではなかったです。あちらが悪いことやった人間でこちらは警察官、といった隔絶した感覚は持っていなかったです。被疑者も警察官も同じ人間で、年下の留置人には父のように話しかけていました。「俺だっていつ入るかわからないからな」と言った感じで。そして頑張って出て来いよ。そのためにできることはやるよ、という感じでした。

だから、留置場の看守は大変な仕事でしたけど、やってよかったです。刑事になる修行として、留置人の気持ちがわかるのは大切なことです。

浅見　そしてそれが後に特別支援教育の現場で役に立ったわけですね。

子どもがキレることより、支援者がキレることの方が怖い。体調管理が大事。

榎本　私とあなたは違う、ではなく、「あなたの中に私、私の中にあなた」の方がコミュニケーションしやすいでしょう。支援者が子どもの気持ちになるのはいいことですよね。ただ警察の仕事が普通と違って怖いところは、警察官は相手の気持ちになりすぎるとダークサイドに堕ちてしまうことです。

浅見　わはは。

榎本　「わかりあえるよね」は大事だと思います。でも線引きをいつの間にか超えてしまっていることもあります。そういう例も見ました。やはり「感情の共有」は、「感情の理解」であって、「同情」や「同意」ではないということです。

発達障害支援の人より人権が守られている看守というお仕事

浅見　おまわりさんは正義の味方の方が多数なんだろうとは思いますが、いざ不祥事が起きると大々的に報道されますね。そして一生警察沙汰にならないよき市民でさえ警察を嫌っていく。

でもそのように「あなたの中に私」という態度で留置人に接していて、たとえばどうしても毛布を顔から下ろさない人がいたらどうしますか？

榎本　そうですね……。「ちょっと出てきて」と外に出てきてもらうかもしれません。そして外に出てきてもらうときには、必ず警察官の方が数が多い状況を作ります。

浅見　なぜですか？

榎本　今まで説明してきたように、留置人は保護されています。警察官は留置人にケガさせません。そして留置人が警察官をケガさせる事態も避けなくてはなりません。だから必ず警察官の方が人数が多い状況を作るのです。一人の留置人に対しては、二人で対応するというふうに。

浅見　だったら一部の福祉施設の職員より、警察官は守られていると思います。福祉の現場の支援者は、わりと利用者に殴られているみたいですよ。そしてそこに司法は介入しない。殴られっぱなしになっている。私が『自閉症者の犯罪を防ぐための提言』を出したとき、そういう人たちから「よく言ってくれた！」の声が届いたんです。それくらい、「障害者を支援しよう」という美名のもとに周囲の人たちが犠牲を払うのが当然、とされている風潮があるようです。だからその点は、警察の方が進歩的ですね。留置人、看守、どちらの安全にも配慮されているのですから。

榎本　歴史が長いですから。そしておそらくその分、事件・事故の歴史もあったのでしょう。だから、「ケガせず、ケガさせず」のための方法が編み出されてきたのだと思います。

浅見　フラッシュバック対応としては、そういった上司の方のカウンセリングみたいなもの以外に、どういうものがありましたか？

榎本　これも言葉はあまりよくないのですが、「拘束衣」もありました。事故を避けるために、拘束する時間等も厳密に決められているのですが、パニックがそれで治まることもありました。また署によってはケガ防止のために柔らかな壁でできた留置場があるそうです。

そして特別支援教育を勉強するうちに、「ハグマシーン」というのがあると知って、これと同じだ、身体を締め付けることに一定の効果があるのかな、と思いました。

浅見　「ハグマシーン」はテンプル・グランディンさんという、ご自身自閉症者で動物学者でもある方が開発した装置ですね。自閉症の人は圧を加えられることによって安心を得ることがあるようです。

私は感覚統合という身体アプローチを十年くらい追いかけていたのですが、そこの言葉でいうと「固有受容覚を入れる」ということで、たしかに安定するのです。私自身実は裁判を抱えていたときに、誰に教えられたわけでもないのですが、さかんに筋トレをやっていました。そうやって自分を安定させていたようです。

といっても私自身はハグマシーンにあまり肯定的ではありません。マシーンなんかなくても、本来親とか配偶者とか、スキンシップをとっても虐待にならない人が抱きしめてあげればいいだけに思えて仕方ないんです。

榎本　そうですよね。

浅見　でも留置場では親しい相手とも筋トレマシーンとも切り離されているのですから、そういう物が用いられているのかもしれません。

留置場におけるフラッシュバック対応にも

・言葉によるアプローチ
・身体アプローチ

の両方があるのですね。これは興味深い事実です。

！留置場では看守の人権にも、留置人のフラッシュバックにも対応策を取っている。

元警察官だからこそ、体罰は論外だと考えている

榎本　私が特別支援教育の現場に出ると、「榎本さん、意外とゆるいですね」といったようなことを言われます。もしかしたら「もっと強硬に子どもたちを抑えつけ（てくれ）るのかと思っていた」という意味かもしれません。元刑事というと、時に元気が良すぎて活動のコントロールがしにくい子どもたちに強硬に接して、時には体罰も辞さないで言うことを聞か

せる、みたいなイメージがあるのかもしれません。教育現場でも障害者支援の現場でも、体罰は繰り返し問題として浮かび上がってきますし。

でも元刑事だからこそ、体罰はまずありえないんです。暴行罪、傷害罪に相当してしまいますから。

刑法を引用しておきましょう。


【刑法】
●傷害
〔第二百四条〕　人の身体を傷害した者は、十五年以下の懲役又は五十万円以下の罰金に処する。
●暴行
〔第二百八条〕　暴行を加えた者が人を傷害するに至らなかったときは、二年以下の懲役若しくは三十万円以下の罰金又は拘留若しくは科料に処する。

浅見　なるほど。教育現場では「自分たちは手をこまねいているし体罰に手を汚すつもりは毛頭ないけれども、元刑事なら、（体罰とまではいかなくても）何か手を使ってこの子たちの元気すぎる行動を止めてくれるのではないか」という期待があったのかもしれませんね。けれども体罰は、絶対やらない、やってはいけない、ということですね。

！体罰は暴行罪・傷害罪に相当する。

元刑事として自傷・他害にどう対応しているか

浅見　では大事なことをおききします。発達障害のお子さんたちの中には、現実問題として、「今だからまだ許されているけれど、大人がやったら暴行罪、傷害罪、あるいは器物損壊、といったことをやってしまう人たちがいますよね。

榎本　いますね。

浅見　その人たちがその特性を学齢期に「ありのままでいいんだよ」と放っておかれること

によって、いざ十八歳、二十歳になって他人に暴力を振るったら犯罪ですよね。

榎本　その通りです。

浅見　私たちはそれを放っておきたくはないのです。でも強硬な手段は取れないし取りたくない、という人が多いと思うのです。だからえんえんと議論しているのですよ、そうしたいわゆる問題行動を止めるか止めないか。

榎本　私は支援の現場で、将来「生命・身体・財産」を毀損する行為につながるような動きには介入します。というか身体が動いてしまいます。学校の先生は、床にごろごろ転がっているとと起こしたがる。一方で私はそういうのは放っておくこともあります。でも自傷・他害や器物損壊につながりそうな行動は止めます。

浅見　床にごろごろしているのは、私もそのままにするかもしれません。それはもしかしたら、立位への準備というか、自分で自分を育てている途中かもしれないから（参考文献：『人間脳の根っこを育てる――進化の過程をたどる発達の近道』栗本啓司＝著）。でもまあ、学校の先生としては「その学年なり」のふるまいをしてもらいたいから、気になるのでしょうね。

榎本　たしかに。「その学年なり」が先生たちは好きですね。そして「おかしいよ」と注意するんですよね。

浅見　「おかしいよ」は私も好きではないです。その子なりの発達があると思うから。といっても、私が学校の先生より基準が緩いわけではないと思います。学校の先生が放っておくことだって、私は放っておかないかもしれません。

発達するとはどういうことか追っていくうちに、子どもは各時期に発達課題があって、それをやりきると次の段階に行くという理論にたどり着きました。たとえば以前から発達障害のお子さんは「はいはい」を飛ばしていきなり立ってしまう、ということが観察されていたのですが「はいはい」をやりきることが立位をとること、そして学習能力等の発達につながることなどがわかってきました（参考文献：『人間脳を育てる――動きの発達&原始反射の成長』灰谷孝＝著）。でもそうすると、子どもにずっと殴られ続けても我慢するお父さんとかが出てきてしまうんです。「やりきることが大事。だから子どもが殴りたいのならやりきらせる」とか言って、お父さんが唇噛みしめて殴られるのを我慢したり。

榎本　それは放っておいてはいけないですね。人を殴る行為は放っておいてはいけません。

浅見　だから、そこに警察法の原則、というか「将来的におまわりさんにつかまる行為かどうか」という基準を持ち込むことってわかりやすいな、と思ったのです。どこまで許されるのか？　といううえんえんと続く議論の決定的なクライテリオンとして「おまわりさんにつかまらないように」は有効に作用すると思います。

「生命・身体・財産」を損ねないこと、は「どこまで許されるか」の判断基準として役に立つ。

体罰を用いないでどうするか？

浅見　でも、たとえば人を殴っている子を止めるとき体罰は用いないとするとどうするのですか？

榎本　これも言葉が悪いかもしれませんが、制圧します。

浅見　たしかに言葉が悪いですね。誤解を呼ぶ表現ですね。でもだからこそ先が知りたいです。制圧とはどういうことですか？

榎本　制圧と言っても、武力鎮圧ではないのです。私にとって制圧は、ケガさせず、ケガせずの状態です。誰にも自傷・他害（実害）がない状態を作るのです。

浅見　なるほど。日本の警察って、いきなり犯人を射殺したりしないですよね。なるべく傷つけず、生け捕りにしようとしますよね。ということは、そういう訓練をしているのでしょうか。

榎本　たとえば逮捕のときに、ひと悶着ある、というのはよくあることです。そのときには警察官がケガをしないだけではなく、被疑者にもケガをさせてはいけません。

浅見　そうですね。

榎本　人権の問題だけではなく、ケガをさせるとあとあとの取り調べに差しさわりがあります。診療を受けるのは被疑者の権利ですから、被疑者一人を病院に連れていくために戒護員二人、運転手、そして捜査員と四人くらいの大人で動くことになります。

浅見　なるほど。速やかな取り調べのためにも、ケガせず、ケガさせず、がたしかに理想的なのですね。でもそういう発想が教育・福祉の現場には警察ほどないのかもしれません。自傷・他害をするお子さんがいた場合、榎本さんとしては具体的にどういう対応をするのですか。

「ケガせず・ケガさせず」が対応の大原則。

まずは現場で抑える

榎本　まずは、させないのが一番大事です。

浅見　させない？　どうやって？

榎本　しそうな気配はわかるので、武道で言えば「目付けと間合い」ですか、私は普段から「やりそうだな」と思ったお子さんの近くにいるようにします。雰囲気で察するので。

浅見　どうわかるのでしょう？

榎本　自傷・他害の主たる要因はフラッシュバックですよね。そしてフラッシュバックを起こしている人は自分の場合、目で見ていればわかります。

浅見　なるほど。「自傷・他害はフラッシュバックが引き起こす」っていとも簡単におっしゃいますけれど、たぶんいきなり支援の場に入る人がそれを理解するにも相当時間がかかると思うのですよ。でもそこが警官としてのトレーニングを受けてきたから話が速いのですね。そして、自傷・他害をしそうな気配を見つけたらどうするのですか。

榎本　外見的にも、実質的にも、暴行にはなり得ないような身体的アプローチを選択して行います。見た目に暴行ではないこともとても大事です。

浅見　そうですよね。見ている人や他のお子さんの目に刺激的な行動ではないほうがいいですよね。そうすると具体的にはどういうアプローチになりますか。

榎本　肩をポンポン叩く、握手する、くすぐる、肩や手を持って揺らす（大きく、あるいは小さく8の字の形に）、暴れているときは後ろから抱きかかえるなどの方法をとります。

浅見　なるほど。どうやら背骨とトラウマも関係ある感じなので、その瞬間に金魚体操的なものをやってみて――立ったままでもいいんですけど――背骨を弛めるような動きをしたら気がまぎれるのではないかな、と考えたりしてきましたが、外から身体に働きかけてもいいですね。

というか単に「気をまぎらわす」のではなく「自傷・他害しない身体を作る」ためには「させない」ことが大事なのですね？

榎本　それもあるかもしれませんが、とにかく現行犯にしないことが大事です。現行犯は止めざるをえないでしょう。

浅見　なるほど。

榎本　たとえば酔っ払い同士が喧嘩をして警察に来たとします。そういうときにはまず別々の部屋で対応します。そして和解してもいい、壊したメガネは弁償する、などの示談ができそうな状況になったら同じ部屋で会ってもらいます。和解したら、よき市民同士ですから。

でもそこでまた殴り合いが始まりそうになったら止めるでしょう。暴行罪が起きてしまいますから。とにかく目の前の犯罪を防ぎ、前科を作らないことが大事です。そして殴り合いになりそうだったらそもそも会わせません。犯罪が起きそうな場は作らないということも大事です。

支援者の人たちはしばしば、パニックが起きると「何が原因だったか」とか観察し、分析に入りますよね。でもそれはあとでいいんじゃないでしょうか。今苦しんでいるのだから今助けようよ、というのが私の発想です。

浅見　たしかに、観察や分析は後でいいですね。これは気づきませんでした。

！まずは現行犯を抑える。観察・分析は後でいい。

パニックは「脳が傷つく」

浅見　成人の自閉圏の方で自閉圏のお子さんを授かった人に聞いた話です。子どものときの体験からの実感として、パニックってつらいんですって。周りもつらいだろうけど、起こす方もつらいそうです。そのあと数時間は使い物にならないそうです。おそらく脳が損傷されているだろうと。

榎本　そうでしょうね。

浅見　だからお子さんを育てるときには、とにかくパニックを起こさせないように事前に気をつけたというのです。その分脳が損傷されるとなると、事前に介入したいですよね。

榎本　そしてそれは他害だけではなく自傷している場面にも大事です。自傷も大事な「自分の」身体の毀損ですから。

浅見　たしかに。

榎本　無理やりはがしたりはしないけど介入はします。見過ごせないですよ。自傷をするには何か理由があるんでしょうけど見過ごせないです。一時的には止めます。

浅見　どこで止めていいのか、その基準を迷っている人は多いんですよね。

でも虐待的にならず、そう見えず止める技術も多くの人はもっていないし、自分が虐待者だとみられるくらいなら見過ごすことを選ぶのかもしれません。

止めようがないから、あるいは止めることがいけないことだったら困るから、そのままでいいことにしているケースも多いような気がします。「制圧」の訓練を受けている人だったら、それを使えるんでしょうけど、普通の人は受けていないことが多いでしょうから。

「ケガせず、ケガさせず」の方法

榎本　この「制圧」については非常に言語化しにくいところがあって、「どうやってやるんですか?」ときかれてもなかなかうまく答えられずに、今後の課題だなあと思っていたんです。そんなときたまたま、職場でチラシを見つけて、深刻なフィジカル・コンタクト（パニックなどに伴う暴行・傷害など）を避ける術を持つ方とお会いしてきました。こういう講習会があったのです。

《パニック等への対応「支援介助法講習会」》
知的障害や自閉症の人がパニックを起こした時の「自分も相手も傷つかない誘導法」である「支援介助法」について学びます。特に特別支援学校などでパニックになった子どもに有用ですが、落ち着きのない子や高齢者の介護、リハビリテーションにも活用できます。実技と講習を行います。

講師の廣木道心先生は、大阪在住、知的障害のある自閉症のお子さんをお持ちの武道家で、お子さんの将来を案じて、介護福祉士としても施設でお仕事をされています。

廣木先生が既存の就労支援や服薬治療などに疑問を持たれているので、お子さんは大阪の公立高校に一般受験で入学し、公立専門学校でデザインやイラストを学ばれて、イラスト関係のお仕事をされているとのことです。

浅見　そういう方もいらっしゃるのですね。榎本さんがやってきたことに近いようなことをきちんと理論化し教えている方がいるのですね。寡聞にして知りませんでした。なぜ知らなかったかというとたぶん、あまり支援の世界で公にはそういうスキルの必要性が語られないからだと思います。

榎本　なぜですか？

浅見　発達障害児者の支援にかかわる多くの人たちにとって「パニックを止める」、あるいは「当事者から身を守る」ことを企てること自体がいわば「政治的に正しくない」からだと思います。パニックを起こすのは周囲が悪い、で終わりなんです。本当は「起こしたあと」

のことも「他人がパニックから身を守る方法」もとても必要なことなのに、大々的には語られない風潮があると思います。これは「ありのままでいいんだよ」という支援の世界の決まり文句の悪しき副産物です。

榎本　でも、「ケガせず、ケガさせず」の方法で「自傷・他害をさせない」ことが教育現場には必要です。「身体を鍛える」ほどのことではなく、技術として「ケガせず、ケガさせず」の方法を開発したり、すでにあるものを身につけておくのは必要なことですね。

だから私は、フラッシュバックを起こして水筒を振り回しそうなお子さんを見るとそばにいて介入するようにします。それは他人の身体を毀損するかもしれないからです。そして児童デイのテーブルに乗ってどんどんと足で踏みつけているお子さんにも介入します。テーブルは事業所の財産だからです。暴れる子に対しては距離を近めにとるようにしています。そうしたら止められます。すぐに制圧できますから。そして繰り返しますが、制圧とは武力鎮圧ではありません。どうも自分は、誰かの身体を脅かす場面では自然に身体が動いてしまうようです。

浅見　なるほど。基準がクリアですね。生命・身体・財産。それを毀損する行為はその場で抑えておく。

榎本　だから「できない」ように環境を作ること、凶器になりそうなものを遠ざけておくことも大事だと思います。一般の方々は、危険品、危険行為に対する線引きが、あまりないのかもしれません。私は普段は鷹揚に見えるようですが、危険物には敏感です。針、ハサミ、カッター使用時には、周囲との距離や角度に最大限の注意力を払うようにしています。

浅見　それが「環境づくり」ですね。障害に伴う身体の不器用さのせいで、故意ではなくても人を傷つけてしまった方の体験談も聞いたことがあります。謝罪の仕方をこんこんと教えたそうで、それも大事なことですが、被害がないことにこしたことはありません。

- 自傷・他害から周囲が身を守る方法の開発
- 自傷・他害のあとのフォロー
- 自傷・他害が起こりにくい環境づくり

……も必要である。

言葉でのアプローチに際しては、相手の名誉感情に配慮する

浅見　さて、環境づくり、身体アプローチとそろったところでおききします。言葉による介

入はしますか？

榎本　そのときは「名誉」を重んじます。名誉も毀損してはいけませんから。

浅見　名誉？

榎本　頭ごなしに叱ったり、押し付けるような言い方はしません。それは相手の名誉感情を毀損してしまうからです。

浅見　支援したい対象でありこちらを攻撃してくる敵ではないですものね。

榎本　はい。「こう言われるといやだろうな」という言い方はしません。メンタルを傷つけるのがわかっていますから。相手にいやな言い方とか高圧的な言い方はしないようにしながら、相手を探ります。

それと知的に障害がある子は自分の体調不良などのイライラをぶつけることがありますね。だから、そういう様子を察したら先に優しく接するようにしています。もともと心理的なエネルギーが少ない状態なのだから、心理的なエネルギーを奪わない、奪われない状態を作り、そしてエネルギーを与えてあげるように心がけています。

浅見　たとえばどのようにですか？

榎本　イライラしている子がいても、そのイライラに巻き込まれず、「減っているエネルギーを少し足してあげる」ように心がけます。

「エネルギーを少し足してあげる」とは、何も特別に優しくする「行為」が必要なわけではなく、ちょっと気に掛けてあげるとか、話しかけてあげるとか、困っていたら助けてあげるとか、そういう態度、視線、表情などの「在り方」だと思います。

イライラしている子（エネルギーが減っている状態）には優しく接する（エネルギーを少し足してあげる）。

浅見　なるほど。媚びるわけではなく、ご機嫌取りするわけでもなく、エネルギーを少し足してあげるわけですね。

こういうやり方って、社会が刑事さんに持っているイメージと違いますね。榎本さん個人の資質という属人的な面と、警察の中で実は養った面と両方あるんでしょうね。

榎本　私は指示を聞かせる、指示どおりに行動を促すことよりも、身体的・非言語アプローチで信頼関係（情）を醸成することにフォーカスしています。そしてそうですね。私が見ている限り、仕事できる刑事は威張っていないです。

浅見　そうなんですね。

榎本　発達障害の世界では、支援者の方たちも疲れていることが多いようですが、先ほど言ったように、留置場の看守もイライラと留置人に怒っている人ほど自分が身体を壊します。このことが支援の現場でもがく人たちの何かの参考になれば幸いです。

浅見　真面目な支援者ほど、ありとあらゆる「普通でないこと」が気になってしまうかもしれません。でも「生命・身体・財産」の保護に（まずは）絞る、というのも一つの手段なのかもしれませんね。発達障害のある人の支援に携わっている皆様には、そのやりかたも検討していただけたらいいと思います。

!

あらゆる「問題行動」に神経をとがらせるより、まずは「生命・身体・財産」に関する行動に絞って介入するのも一案である。

第二章
なぜ職務質問されるのか？

発達障害者はおまわりさんから見て怪しい人に見えるのか？

浅見　さて、元警察官から見た特別支援教育を語っていただいたところで、次におききしたいのは職務質問についてです。

おそらく多くの人が、職務質問を一回もされることなく生涯を終えると思うのですが、どうも発達障害の人、とくに自閉圏の人は職務質問されることが多いような気がするんです。週三回された、と言う人もいれば、いや自分は年三回だ、という人もいます。年三回でもじゅうぶん多いような気がするんですが。

いったい警察官はなぜ道行く人々に職務質問をするのでしょうか？　そしてどうして自閉圏を初めとする発達障害の人々はよく声をかけられてしまうのでしょうか？

榎本　警察官職務執行法にはこう書いてあります。

【警察官職務執行法】

●質問

［第二条］　警察官は、異常な挙動その他周囲の事情から合理的に判断して何らかの犯罪を犯し、若しくは犯そうとしていると疑うに足りる相当な理由のある者又は既に行われた犯罪について、若しくは犯罪が行われようとしていることについて知つていると認められる者を停止させて質問することができる。

●犯罪の予防及び制止

［第五条］　警察官は、犯罪がまさに行われようとするのを認めたときは、その予防のため関係者に必要な警告を発し、又、もしその行為により人の生命若しくは身体に危険が及び、又は財産に重大な損害を受ける虞があつて、急を要する場合においては、その行為を制止することができる。

そして職務質問による検挙は「無から有を生み出す」職人技で、警察内での評価が高いんです。

浅見　なるほど。考えてみれば、普通警察官は、いわゆる「営業」がいらない仕事ですよね。署にいるだけでどんどん事件がやってきそうだし。とくに榎本さんがいらしたような忙しい署では。でも職務質問はやってこない事件を拾いに行って、もしかしたら悪いことやっている人を当てたり、事件を未然に防ぐかもしれないので、組織内での評価も高いということですね。

それに引っかかってしまうということは、自閉っ子は怪しい人に見えるのでしょうか?

榎本　不審者かどうか見分けるのはスキルと経験がものを言って、上手な人も下手な人もいますから。声をかけやすい人にかけてしまうこともあるかと思います。

浅見　あ、そうか。おまわりさんとして未熟な人もいるわけだから、そういう人は悪いことしていない人にも声をかけてしまうわけなので、声をかけられたからってあまり気に病むこともない、ということなんでしょうか。

私、びっくりしたのは、障害のある当事者の人が職務質問を受けたことで支援者に叱られたというんです。おまわりさんも仕事でやっていることだから、別に叱られるようなことじゃないと思うんですけど。

榎本　職務質問されても、全く叱られる理由になりません。むしろ明らかに知的障害があると見えたら、声はかけないかもしれませんね。不審というより保護の対象なので。中にはおまわりさんが好きでなついてくる人もいます。

浅見　いるでしょうね。

職務質問でどこを見ているか？

榎本　職務質問においては、会話を聞くというよりは、反応を見ているんです。質問に対する言語的な答えよりも反応を見ているんです。おどおどしてこっちを見ている人とかがいれば、怪しいと思います。そして声をかけてみて急に手が震えだすと、何かやっているのではないかと考えますね。

浅見　ああ、自閉圏の人なんて何も悪いことしていなくても、おまわりさん、というか知らない人に声をかけられただけでビクビクすると思いますよ。その様子が不審者に見えてしまうということはありそうです。

榎本　場数を踏んでいる犯罪者は反応が現れないように工夫したりしますが、職務質問している方としてはそういう非言語的な反応を見ています。手先・足先の動きとか。

浅見　何も悪いことをしていなくても他人に声をかけられるだけでびびってしまう人たちだからそういうビクビクしたところが不審者に見えて職務質問に遭いやすいんでしょうか。そして制服を見ただけでビクビクするかもしれません。

そしておまわりさんにも見抜くのがうまい人と下手な人がいるということを知っておくといいですね。悪いことをしている人を見抜くのがまだ未熟なおまわりさんが無実の人を不審だと感じて声をかけているケースもあるわけですね、お仕事として。

でも職務質問自体は別にされて悪いものではないんですよね。何も悪いことをしていなかったら全く怖くないんですよね。

普通にていねいに人として対応していたらいいだけなんですよね。ビクビクした反応だと何かあるのかなと思われるだけで。

榎本　ビクビクした反応だと、薬物の影響か？　あるいは変質者か？　性犯罪でも起こすのか？　という目で見られる可能性がありますね。たとえば下着泥棒してきたばかりの人をそこでとらえることによって、より深刻な性犯罪を防げることもあるんです。下着泥棒した人は、窓が開いていたらのぞきをするかもしれないし、鍵が開いていたら強姦するかもしれません。職務質問には、そういう風に未然に犯罪を防ぐ意図もあります。

もちろん警察官が制服姿で街に出ているだけで、防犯効果はあるでしょう。そして警察の立場から見ると、数をこなした方がいいわけです。

かつて職務質問をしていた立場からお話しすると、職務質問は、警察官の基本で、警察内部では、最も重要な武器と評されることもあります。

刑事の取り調べも、全ての基本は職質です。制服警察官のときに職質ができない、うまくない、検挙実績がない警察官は、（いい）刑事にはなれません。

また街中にある忙しい署は、犯罪が多く犯罪者が集まる土地柄、職質をしても実績が上がりやすく、本部から職質専従の自動車警ら隊（自ら隊）もよく警らに来ています。

私も昔は、わりと職務質問が得意な方で、積極的にやっていました。卒業配置された最初の署でも、毎月一件くらいのペースで自転車泥棒を捕まえていました。

巡査部長になった麻布署では最初の一年くらいは、六本木交番の主任として、多いときは月に二～三件の職質検挙をしていました。薬物、銃刀法（ナイフ）、軽犯罪法（凶器携帯）、自転車泥棒などです。

警部補になってからは、パトカーの係長になって、最初の当番日に麻薬密売人を職質検挙して、警視総監賞をもらいました。

浅見　なるほど。おまわりさん側から見ると職務質問がやりがいがあり、評価にもつながるお仕事だとわかります。だから数をこなす。そのために別に悪人ではない自閉っ子も職質されることがある。じゃあそれにつかまってしまったら、怖がることなく答えればいいだけですね。悪いことをしていないのだったら。

榎本　そうです。私も職務質問されることとありますよ。現役の警察官だったときも今も。何か匂うのかな、と思いますが。

浅見　そうなんですか?　榎本さんはどう応じられるんですか?

榎本　正直言って、私も何も悪いことはしていないのに声を掛けられると、「あまりいい気がしない」と言う一般の方々の気持ちはよくわかります。でも、もちろん普通に対応します。彼らも頑張っているんだな、とわかっているので。向こうが少していねいだとこちらも少しうれしくなりますし。何も悪いことをしていないのだったら、職務質問されても気に病むことはないんです。

浅見　よくわかりました。安心する人が多いと思います。

!

職務質問は警察官が仕事でやっていることなので、職務質問をされることは全く悪いことではない。ていねいに答えればいいだけ。

第三章
犯罪になるときとならないときの違いを知っておこう

「犯罪だとは知らなかった」は許されるのか？

浅見　さて、ではこの章では「犯罪になるときとならないときの違い」について教えてください。これは重要な違いですから、皆さんに知っておいていただきたいです。

榎本　わかりました。

浅見　まず、「自分がやったことが犯罪に当たるとは知らなかった」ケースが許されるのかどうかをおききします。

たとえば私が訴えを起こした事件がそうでした。

具体的に言えば、加害者にとっては、私のやっている出版活動が気に入らなかった。腹が立った。そして自分が私に腹を立てたから、私を成敗しようと思った。そしてやってもいない詐欺行為に手を染めている等の誤った情報を流布したわけです。

そこに警察から連絡が行って、捜査の対象になり、検察に送られ、判決が下り、どうやら自分が犯罪だとみなされることをやっているようだと知ったとき、「犯罪だと知らなかった。わかったのでもうやらない」と言ったと知りました。そして私たちにしてみれば、それで十分だったんです。

夫と私、二人が被害者として告訴し、警察にも別々に呼ばれたし、検察でも別々に聴取を受けました。そしてなんの事前相談もしなかったけれど二人とも検察官に「反省も謝罪もいりません」と言っていたのです。それは、自閉圏の人の特性からいって、反省＝更生では必ずしもない、反省というプロセスを経る必要はない、という知識があったので、とにかくもうやらなければいい、という結果のみを重視してのことでした。

発達障害者の触法行為に詳しい藤川洋子先生は「反省なき更生」という言葉を使われていますが、とにかく大事なのは結果です。「もうやらない」のが大事なのであって、反省する必要はないと思っていました。私のやっていることが一生嫌いでも構わない。ただ事実無根のでっちあげを流布して誹謗中傷をしないでほしかっただけです。この経緯は『自閉症者の犯罪を防ぐための提言』にも書きました。

ところがそれを読んで自閉圏の人の中にも「犯罪だとわかったからやらないだけではだめ

だ」とむしろ被害者だった私たちより「気持ち」を重視する人たちが出てきたんです。「犯罪だとわかったからやらないでは不十分だ。もっと被害者側の痛みを知らなければ」と。これは私少し、自閉圏の人を見くびっていたかな、とこっちが反省しました。

榎本　そうですか。

浅見　そうなんです。反省し、そして一方で希望を持ちました。もちろん同じ自閉圏の人でも、生まれつきの性質や家庭環境がそれぞれ違うわけですから、これまでに育まれてきた倫理観とかにも違いがあるのが当たり前でしょう。でも自閉圏の人にも「相手を傷つけたら謝らなくてはいけない」という筋道はわかるのです。そしてそういう人は、犯罪には走らないのです。ならば、わかるように教えるにはどうすればいいのか、というのが本書に至るまで抱いてきた大きなテーマの一つです。

そして、なぜ自分がやっていることが犯罪だと「彼」が知らなかったのかはよくわからないんですが、ともかくそれが犯罪を構成すると知らなくてやった行為でも罪に問われるいい例だと思います、私の抱えた事件は。

榎本　これは知っておいた方がいいことですが、「違法性の錯誤」という言葉で説明できます。禁止事項、法律を錯誤していた、ということです。そしてそれは、基本的に許されないんです。

浅見　そうなんですね。

榎本　普通に生活していたら、「法律を知らないほうが悪い」ということです。刑法第三十八条第三項にあるとおり「犯罪だとは知らなかった」でも犯罪に当たる行為をしていたら罰せられる可能性はあるわけです。

【刑法】
●故意
〔第三十八条〕
3　法律を知らなかったとしても、そのことによって、罪を犯す意思がなかったとすることはできない。ただし、情状により、その刑を減軽することができる。

浅見　でも法律はいっぱいあるし、どんどんできるし、知らない間に自分が罪を犯している可能性はあるわけですよね。だからこそ「生命・身体・財産」、プラス名誉を毀損しないように、という大原則を覚えておくと便利ですね。

「犯罪だと知らなかった」は通用しない。知らなくても罰せられることがある。だからこそ「生命、身体、財産」と名誉を毀損しないという大原則を覚えておこう。

法律で定められていなければ、罰することはできない

榎本　そして「罪刑法定主義」という大原則があります。「法律なくば犯罪なく、法律なくば刑罰なし」です。

浅見　どういうことですか?

榎本　法律で何年以下の懲役とか、何円以下の罰金とか、書いてない行為は罪に問えないということです。法律に書かれていないことは犯罪ではないのです。

浅見　たとえ一見悪い行為に見えたとしても。

榎本　そうです。

浅見　でもそれは、法の抜け穴にはならないのですか?

榎本　警察は犯罪者が考えるその先を考えていますから。

浅見　罪刑法定主義の具体的な内容はどんなものですか？

榎本　慣習刑法の禁止、刑罰法規の不遡及、類推解釈の禁止です。ただし拡張解釈は許されます。そして絶対的不定期刑を禁止しています。

【刑法】

●懲役

［第十二条］　懲役は、無期及び有期とし、有期懲役は、一月以上二十年以下とする。

２　懲役は、刑事施設に拘置して所定の作業を行わせる。

榎本　刑罰の種類には五種類あります。生命刑とは死刑のことです。身体刑とは、むち打ち、入れ墨などで、日本の国内法では存在しません。自由刑とは、懲役、禁錮、拘留のことです。財産刑とは、罰金、科料、没収など。名誉刑は、権利・資格の剥奪などです。

浅見　つまり

・罪に問われる以上は罪名がはっきりしていないといけない。
・懲役刑を含む刑罰もその重さを具体的にきちんと法律の条文に書いていなければいけない。
・遡及しては刑罰を加えられない。

日本は独裁国家ではないのだから、誰か気に入らない人を罰するためにあとから法律を作って罰したりはできないということですね。

榎本　そういうことです。

「法律なくば犯罪なし」＝罪刑法定主義、を知っておくのは大事。

個人が個人を罰することはできない

浅見　慣習刑法って何ですか？

榎本　いわゆる私《わたくし》の刑です。

浅見　ああ、司法に成り代わって成敗してしまうということですね。それは、案外やってしまう危険が大きいかもしれません。

榎本　そうなんですか？

浅見　はい。個人で個人を罰したい、という気持ちは持つ人は割合、発達障害を取り巻く世界でよく見るかもしれません。何しろどういうわけか、あの穏やかな性質のニキ・リンコさんもかつては独裁者を夢見たそうです。

榎本　そうなんですか？

浅見　はい。『自閉っ子のための努力と手抜き入門』から引用してみましょう。

ニキ　でも独裁者にはなりたかったんですけどね。

浅見　ああ、そうでしたね。自分のことお姫様だと思っていたんだもんね。いつか縦巻きロールが生えてきて、いつか王様になる予定だったのよね。

ニキ　施政をね、「私がやればうまくいく」と思っていましたね。

浅見　根拠は？

ニキ　ない。単なる「自分の好みに合った世界」と「よい世の中」の混同ですね。自分のような考えが広まればいいと思っていた。

『自閉っ子のための努力と手抜き入門』より

浅見　結局「独裁者はしんどい」と思ってやめたんだそうですが。

榎本　気づいてよかったですね。

浅見　自分好みの世界＝よい世の中　の混同はありがちです。そして罪刑法定主義がある、っていうことは、「自分の気に入らない人でも刑法上の罪を犯していないなら勝手に罰してはいけない」ということですね。そしてそもそも法治国家では個人が個人を勝手に罰する権利がない。そのことを覚えておくためにも「罪刑法定主義」は知っておくべきですね。「自分好みではないこと」をやっているだけで「罪人だ」と言ってしまったら、逆に名誉毀損や業務妨害かもしれない、というくらいは頭に入れたうえで社会の中で動けばいいと思います。

「自分好みのことをやっていない他人」も法律では罰せられないこともあると知っておこう。

「わざとじゃなかった」ならおまわりさんにつかまらないのか

浅見　さて、刑法に触れることをしてしまったけれど「わざとじゃなかった」場面ってよくあると思うのです。それって許されるのでしょうか。

榎本　たとえば器物損壊は、故意だと刑事事件ですが過失だと民事事件です。刑事だと捜査され、民事だと損害賠償請求されるか、和解が成立するかという展開になります。

浅見　なるほど！　たしかにそれが合理的ですね。はずみで物を壊してしまっても、弁償したら許されることも多そうです。とくに関係性が成り立っている相手だと。通所施設で壊したものを親御さんが弁償しているケースはよく見聞きします。そして罪には問われない。

榎本　ただし、自分では過失だと主張していても故意かどうかわからないケースもあります。たとえば酩酊状態で車をバーンと叩いて器物損壊に至ったとしたら、それが故意か過失かわかりませんよね。その場合には取り調べで故意か過失かを明らかにします。その取り調べは任意であることもあれば、強制であることもあります。

浅見　強制の取り調べっていうことは逮捕されることもありうるわけですか？

榎本　「わざとではなかった」と言っているだけの段階だと逮捕されて取り調べされること

もありえます。捜査で明らかにしていくことですから。

「わざとではなかった」と言っても逮捕されるときはある。

逮捕について

榎本　憲法にはこういう定めがあります。

【日本国憲法】
●適正手続の保障
［第三十一条］　何人も、法律の定める手続によらなければ、その生命若しくは自由を奪はれ、又はその他の刑罰を科せられない。

人一人の身柄を拘束するにはデュープロセスが必要だということです。適正手続が保障されていないといけません。もちろん職質、任意の取り調べなど任意の捜査もありますが、強制捜査は、令状主義です。逮捕にも、勾留にも、捜索差押えにも、検証にも令状が必要です。緊急逮捕や現行犯逮捕はこの限りではありませんが。

そして逮捕状による逮捕は刑法によれば次の通りです。

【刑事訴訟法】

●逮捕状による逮捕の要件

〔第百九十九条〕　検察官、検察事務官又は司法警察職員は、被疑者が罪を犯したことを疑うに足りる相当な理由があるときは、裁判官のあらかじめ発する逮捕状により、これを逮捕することができる。ただし、三十万円（刑法、暴力行為等処罰に関する法律及び経済関係罰則の整備に関する法律の罪以外の罪については、当分の間、二万円）以下の罰金、拘留又は科料に当たる罪については、被疑者が定まつた住居を有しない場合又は正当な理由がなく前条の規定による出頭の求めに応じない場合に限る。

●緊急逮捕

［第二百十条］　検察官、検察事務官又は司法警察職員は、死刑又は無期若しくは長期三年以上の懲役若しくは禁錮にあたる罪を犯したことを疑うに足りる充分な理由がある場合で、急速を要し、裁判官の逮捕状を求めることができないときは、その理由を告げて被疑者を逮捕することができる。この場合には、直ちに裁判官の逮捕状を求める手続をしなければならない。逮捕状が発せられないときは、直ちに被疑者を釈放しなければならない。

刑事訴訟法第百九十九条の通常逮捕（逮捕状による逮捕）でいう「相当な理由」は、刑事訴訟法第二百十条の緊急逮捕でいう「充分な理由」よりは弱くても良いとされています。勾留の「相当な理由」の嫌疑より低度で足りますが、実際には直ちに勾留請求できる高度な嫌疑がないと逮捕状は請求しません。その他、逃亡のおそれ、罪証隠滅のおそれ、自殺のおそれがあるときは逮捕の必要性があると判断しています。

刑事訴訟法第二百十条の緊急逮捕でいう「充分な理由」は、刑事訴訟法第百九十九条の通常逮捕でいう「相当な理由」よりも高い嫌疑が必要です。と言っても、有罪判決をなし得る程度の証明は不要です。そして起訴に足りる程度の嫌疑も不要ですが、実際には相当程度客観証拠を収集していることが多いです。

現行犯逮捕についても引用しておきましょう。


【刑事訴訟法】
●現行犯人
［第二百十二条］　現に罪を行い、又は現に罪を行い終つた者を現行犯人とする。
2　左の各号の一にあたる者が、罪を行い終つてから間がないと明らかに認められるときは、これを現行犯人とみなす。
一　犯人として追呼されているとき。
二　贓物又は明らかに犯罪の用に供したと思われる兇器その他の物を所持し

ているとき。
三　身体又は被服に犯罪の顕著な証跡があるとき。
四　誰何されて逃走しようとするとき。

●現行犯逮捕
［第二百十三条］　現行犯人は、何人でも、逮捕状なくしてこれを逮捕することができる。

浅見　最近、福岡県で生徒を教師が校内暴力の現行犯として常人逮捕して話題になりました。こういう制度があるということは、司法関係者が臨場していない場面でも逮捕されることもあるということですね。
榎本　校内暴力のように、犯罪と犯人が明白で、犯罪と被逮捕者との結びつきが明白で誤認逮捕のおそれがない場合には常人逮捕が可能です。
　時間的接着性、逮捕の必要性・緊急性、その機会を逃すと、いつ被疑者を保全できるかわからない場合、私人にも現行犯逮捕に際して有形力の行使は可能です。

逮捕には、有罪の心証を得るほど高い嫌疑を要しないし、起訴に足りるほどの嫌疑も要求されないんです。

浅見　逮捕は意外とハードルが低いとも言えますね。

榎本　ただし、司法関係者による逮捕の場合にも常人逮捕の場合にも、有形力の行使には限界・限度がありますので、それは覚えておいてください。警察には、警察比例《けいさつひれい》の原則《げんそく》と呼ばれるものがあります。

浅見　それはどういうものですか?

榎本　警察権の発動に際し、捜査をする上での障害の程度と比例して権限を行使すべき、という原則です。実質的には、複数の手段がある場合は、対象にとって最も穏和で、侵害的でない手段を選択すべきと考えられています。

浅見　なるほど。なるべく穏当な手段を選ぶのが原則だということですね。

榎本　歴史的に警察権は過度の行使に傾くおそれがあるので、行使する手段は目的達成のために必要な最小限度に留め、警察権の濫用にわたらないようになっています。

日本国内法で法文化されたものとしては、警察官職務執行法第一条第二項があります。

また日本国憲法では第三十一条から第四十条にかけて刑事手続に関する詳細な規定を定めており、間接的に警察・司法作用の濫用を戒めています。

浅見　まとめると、逮捕には
・権力側によるもの
・私人によるもの
があり、私人による逮捕は現行犯など条件がそろっていれば可能。

ただしどちらも「なるべく侵襲的でない方法」という原則に縛られていて、つまり逮捕する側の権利が濫用され逮捕されることはあってはならない。

でもたとえば器物損壊の場面でそれが故意だったかどうかわからない場合は、その犯意を取り調べで明らかにする必要があり、それは任意であることも強制であることもある。

そして「わざとではない」という結果になったら刑事罰は問われなくて民事の訴訟なり示談なりになるのだけれど、「わざとではないが、結果的にそうなった」と逮捕されてからの取り調べで明らかになることもある。だったらなるべく物は壊さないほうがいいですね。

榎本　そういうことです。だから私は、特別支援教育の現場でもどうしてもそういう行為を見ると身体が動いてしまうのです。やったあとにどうこうよりも、まずやらせないことが一番大事に思うのです。

浅見　本当ですね。物を壊さないこと、をきちんと教えておいてあげないとかわいそうです。法律の大原則を知っておくことは大事ですね。

逮捕は有罪の確証がなくてもされることがある。けれども権力の濫用を戒める法律もある。

第四章
被害も加害も避けたい　性犯罪について

発達障害の人と性犯罪の関連は？

浅見　さて、では次は、読者からたびたび関心が寄せられる性犯罪についてです。

私の中では、性犯罪（加害）と発達障害の人はあまりリンクしません。あくまで、肌感覚ですが。

私は個人的に発達障害の人たちと交流があります。仕事についている人もいればついていない人もいます。私のことが大嫌いな人は「殺すぞ」とかメールを送ってくることもありますし一方で一緒に食事をするような間柄の人もいます。とりあえず殺されたことはないのですが、「殺すぞ」というメールをもらうことがたびたびあると、触法行為と発達障害の関係は無視できなくなります。そして彼らが触法行為に走ることが仮にあったとしても、性犯罪はあまりぴんとこないのです。

でも、『アスペルガー症候群の難題』という本の中では、性犯罪はアスペルガー症候群には親和性があるみたいなことが実にさらっと書いてあります。

次に目立つのは「実験型」である。性犯罪と放火がアスペルガー症候群の犯罪では特に目立つが、この実験型としては放火が多い。

『アスペルガー症候群の難題』井出草平＝著（光文社）より

私は自分が事件に遭った当時、アスペルガーと犯罪について海外の論文を場当たり的に読んだことがあって、放火が多いという報告は知っていたのですけれど、これを読んで、「そうなのか、性犯罪も多いのか」と意外に思いました。この本はエビデンスベースドな本だと著者は強調されていますので、きっと「アスペルガーには性犯罪のリスクがある」という研究がどこかにあるのかもしれません。

でも私が「発達障害の人と性犯罪」と言われて思い浮かべるのは、

・女子の性被害

がなんといっても一番です。昨今は施設の職員による利用者への犯行も報告されています。市井の発達障害の女性も、被害に遭うことが多いようですが福祉施設の中でさえ、危険があるようです。

榎本　職員による加害行為を耳にすると、なぜもっと早く警察を呼ばなかったのか、と思うことがあります。もっと早期に警察が介入していたら被害は広がらなかったのではないかと。

浅見　それだけ一般の人にとって警察は敷居が高いのかもしれませんね。

女子を持つ親御さんの心配が絶えない一方、男子の発達障害のある子をお持ちの親御さんの中には

・痴漢冤罪

を心配する方もいるようです。たしかに疑いをかけられたら申し開きの苦手そうな自閉圏の男性にとっては深刻な問題だと思います。

痴漢の冤罪リスクを防ぐには

浅見　都市生活者、満員電車に乗る環境の中にいる人には、障害があってもなくてもリスクとして降りかかってくるのが痴漢冤罪ですね。そして発達障害の人の場合、申し開きができなかったり上手じゃなかったりして余計に災難につながりかねないと危惧します。

榎本　被害申告の中には、実際に狂言もあるんです。会社に行きたくないから被害に遭ったことにするとか。

浅見　迷惑な話です。それでにわかに犯人にでっちあげられたらたまらないですね。しかもでっちあげられた方にコミュニケーション障害があるとしたら……。ぞっとします。

榎本　電車内での痴漢冤罪を防ぐためにはまず、両手を他人に見えるように使っておくことが現実的に一番の防衛策です。たとえば片手でスマホを見て、もう一方の手でつり革につかまっていたら、周囲から「触っているようには見えなかった」と証言してもらえることもあるわけです。そして女性から距離を置く、背中を向けるなどの処置をしておくのも有効ですね。

❗ 冤罪を防ぐための防衛策で身を守るのも大事。

榎本　参考までに、東京都の迷惑防止条例を引用しておきましょう。東京都迷惑防止条例の第五条第一項第一号が痴漢の構成要件、第八条第一項第二号が痴漢の罰則、第八条第八項が常習痴漢の罰則です。

【公衆に著しく迷惑をかける暴力的不良行為等の防止に関する条例（東京都迷惑防止条例）】

●粗暴行為（ぐれん隊行為等）の禁止

〔第五条〕　何人も、正当な理由なく、人を著しく羞恥させ、又は人に不安を覚えさせるような行為であつて、次に掲げるものをしてはならない。

一　公共の場所又は公共の乗物において、衣服その他の身に着ける物の上から又は直接に人の身体に触れること。

●罰則

［第八条］　次の各号のいずれかに該当する者は、六月以下の懲役又は五十万円以下の罰金に処する。
二　第五条第一項又は第二項の規定に違反した者（次項に該当する者を除く。）
8　常習として第一項の違反行為をした者は、一年以下の懲役又は百万円以下の罰金に処する。

榎本　痴漢とは、着衣の上から、または肌を直接、撫でる行為です。常習性が認められると悪質性があると判断されます。実際には略式命令で罰金刑が下ることが多く、逮捕されても弁護士が勾留阻止を求めたり、不起訴、起訴猶予となることもあります。わりとすぐに釈放されることも多いのですが、再犯が続くと強制わいせつで逮捕されることもあるでしょう。
浅見　各自治体の制定する迷惑防止条例と刑法はどのような関係にあるのですか？
榎本　たとえば、迷惑防止条例の痴漢に態様が似た犯罪には、刑法の強制わいせつがあります。刑法と刑法以外の特別法との関係はさまざまですが、痴漢と強制わいせつでは、条例の痴漢は軽く（六月以下の懲役又は五十万円以下の罰金。常習痴漢は、一年以下の懲役又は百万円以下の罰金。）、刑法の強制わいせつは重い犯罪（六月以上十年以下の懲役。）です。痴漢は親告罪ではありませんし、強制わいせつも非親告罪となりました。原則、痴漢は生活安全課が事件扱いで、強制わいせつは刑事課です。より悪質であれば、痴漢ではなく強制わいせつで検挙します。

浅見　なるほど。刑法で検挙される方がより重いのですね。そして刑法に違反していると刑事課が、迷惑防止条例だと生活安全課が対応するのが原則だという違いがあるのですね。

榎本　この場合の刑法も引用しておきましょう。

【刑法】

●強制わいせつ

［第百七十六条］　十三歳以上の男女に対し、暴行又は脅迫を用いてわいせつな行為をした者は、六月以上十年以下の懲役に処する。十三未満の男女に対し、わいせつな行為をした者も、同様とする。

痴漢には虚偽申告もあるし、勘違い、人違いもあります。ただ被害者からの申し出があれば警察としては捜査せざるをえないんです。当番は前日の午前八時半から翌日の午前八時半までに起きた事件に対応するのですが、午前八時二十九分に痴漢がつかまればそのまま夜までかかっても捜査をします。

浅見　そうなのですね。つかまえたら、大幅に残業してでも取り調べを行うのがお仕事なんですね。「この人です！」とか（自称）被害者から指摘があった場合、警察官としては取り調べざるを得ないのですね。そして、冤罪を受ける人も出てきてしまう。

たとえば本当にやっていない場合など、それでもその場に留まらなければいけないのですか？

榎本　疑われないように予防することが第一ですが、万が一疑われてしまい、それでも本当にここに引用している条文に相当することを何もしていないのなら、必要があれば、名前や連絡先などを告げて、逃走ではなく、静かに現場を離脱することも可能です。時間・場所が離れると、現行犯逮捕は難しくなります。ただし、線路に逃げたり、無理な逃走は危険です。逃走すると現行犯人だとみなされることもありますから。

浅見　身体も危険だし、線路とかに逃げて鉄道会社の業務を妨害したら、別の罪になってしまいそうですね。

榎本　はい。そして警察も虚偽申告や勘違い、人違いの冤罪事件を受けて、慎重に捜査しています。事実認定については、まずその犯罪が本当にあったのかどうか、次にその事実があったとしてその人が真犯人なのかどうか、人証・書証・物証を精査します。

！警察も慎重に捜査する。でも痴漢をしていると疑われない工夫も大事。

女子の性被害

浅見　では、次は女性の自閉圏の方たちから寄せられた「性被害に遭いやすい」という問題を取り上げたいと思います。

女性の方たちには「男性当事者がおどおど、ビクビクしているために職務質問をかけられやすいように、女性当事者はつけこまれやすく見えるから性被害に遭いやすいのではないか」という自覚があるようです。そして、性被害はたとえ暴行が伴わないものでも心の傷は深いのに、それを周囲の人々にまじめに受け止めてもらえない、という実感があるようです。

榎本　女性と男性では、性の問題のとらえ方が違うようですね。現代は、男女間で性道徳が分離しているように思えることがあります。それは差別とも絡んでくるでしょう。

そして性欲は本来、子孫を残す本能であり、クリエイティブな欲動であることもたしかな面があります。また宗教観や道徳なども、性を語ることに制限をかけていることもあります。そのために問題が潜在化しているかもしれませんね。

浅見　なるほど。

榎本　私は、性が生命の源、生命力そのものであり、世界を、我々を作った尊ぶべきもの、畏敬の対象だと思っています。そして、性は愛情と関連があります。

乳幼児にとって、母子間の愛情は皮膚接触から始まっているので、愛すること（情）は、触ることから始まると言っても過言ではないでしょう。皮膚接触、身体的なアプローチは、情にとって、重要なファクターです。違う言い方をすれば、愛すること（情）は、感情的なエネルギーの交流、交換でもあります。夫婦や恋人同士などの異性間などにとっては、男性性と女性性の統合、一体化することとも言えるかもしれません。

後述しますが、感情的なエネルギー（生きる気力、活力）は、生活の中で減ったり増えたりするものです。生きていくために、自分でエネルギーを補充したり、人に与えたり、与えられたり、または奪い、奪われることもあるでしょう。

人間には、おしゃべりなどで、人と繋がりたい、心を、情を通わせたい、感情的なエネルギーの交流をしたいという欲求があるようです。食欲、性欲などが満たされていても、心が満たされないと、エネルギーの飢餓感を感じることもあります。

そのようなときに、言語的なアプローチだけで、人と心（情）を通わせる、エネルギーを補充することは、難しい場合があるので、人によっては乾いた心を潤すために、非言語的、身体的なアプローチでエネルギーを補充しようとします。

身体的なアプローチは相手に対してダイレクトに行われるので、その行為は、ダイレクトに相手にエネルギーを与えることもできれば、ダイレクトにエネルギーを奪うこともできます。それが、身体的アプローチの有効性でもあり、危険性でもあります。

そういう意味で、（性）暴力は、身体的なアプローチがダークサイドへ転じたものかもしれません。

痴漢、強制わいせつ、強姦などの性犯罪が他の犯罪と異なるのは、広汎な皮膚接触があることです。同じ身体犯でも、暴行や傷害は皮膚接触は一瞬だし、凶器を使用すれば、皮膚を介さないこともあります。

そして、理解しておかなければならないことがあります。性犯罪はエスカレートしていくということです。だから、芽を摘み取っておくのが大事なのです。そして『性犯罪者の頭の中』（鈴木伸元＝著／幻冬舎）などを読むと、極端に性欲に駆られているわけではない一見普通に見える人がいわばゲームのようにスリルを求めて性犯罪を犯しているケースも多いことがわかります。これは、性犯罪を起こす人に関しての私の印象とも合致しています。

浅見　たとえば強姦とか、そういう大げさな犯罪ではなく、つきまとい等に遭う人が多いようなんです。そういう周囲から見ると軽いと思われることにもきちんと対処しておかないといけないのですね。

榎本　はい。

浅見　そこで割合支援の世界にはダブルスタンダードが罷り通っているのですが、たとえば自閉圏の女性がつきまといに遭ったら、支援者たちは女性をかばいます。そして自閉圏の男性がつきまといをしてしまい、相手の女性に交番に飛び込まれてしまって、何かそこでひと悶着あって逮捕されてしまったら、警察が不当なことをしたと考えたりします。

榎本　そこで逮捕に至ったとしたら、やはり警官に乱暴を働いた等、相当な何かがあったと思われますが、つきまといは犯罪ですし、常習性が高いと悪質だと判断されます。引用しておきましょう。

【公衆に著しく迷惑をかける暴力的不良行為等の防止に関する条例（東京都迷惑防止条例）】

●つきまとい行為等の禁止

［第五条の二］　何人も、正当な理由なく、専ら、特定の者に対するねたみ、恨みその他の悪意の感情を充足する目的で、当該特定の者又はその配偶者、直系若しくは同居の親族その他当該特定の者と社会生活において密接な関係を有する者に対し、不安を覚えさせるような行為であつて、次の各号のいずれかに掲げるもの（ストーカー行為等の規制等に関する法律（平成十二年法律第八十一号）第二条第一項に規定するつきまとい等及び同条第二項に規定するストーカー行為を除く。）を反復して行つてはならない。この場合において、第一号及び第二号に掲げる行為については、身体の安全、住居、勤務先、学校その他その通常所在する場所（以下この項において「住居等」という。）の平穏若しくは名誉が害され、又は行動の自由が著しく害される不安を覚えさせるような方法により行われる場合に限るものとする。

一　つきまとい、待ち伏せし、進路に立ちふさがり、住居等の付近において見張りをし、又は住居等に押し掛けること。

二　著しく粗野又は乱暴な言動をすること。
三　連続して電話をかけて何も告げず、又は拒まれたにもかかわらず、連続して、電話をかけ若しくはファクシミリ装置を用いて送信すること。
四　汚物、動物の死体その他の著しく不快又は嫌悪の情を催させるような物を送付し、又はその知り得る状態に置くこと。
2　警視総監又は警察署長は、前項の規定に違反する行為により被害を受けた者又はその保護者から、当該違反行為の再発の防止を図るため、援助を受けたい旨の申出があつたときは、東京都公安委員会規則で定めるところにより、当該申出をした者に対し、必要な援助を行うことができる。
3　本条の規定の適用に当たつては、都民の権利を不当に侵害しないように留意し、その本来の目的を逸脱して他の目的のためにこれを濫用するようなことがあつてはならない。

●罰則

［第八条］　次の各号のいずれかに該当する者は、六月以下の懲役又は五十万円以下の罰金に処する。

三　第五条の二第一項の規定に違反した者

8　常習として第一項の違反行為をした者は、一年以下の懲役又は百万円以下の罰金に処する。

浅見　なるほど。つきまといははっきりと犯罪だと規定されているのですね。そしてそれは性的なつきまといだけではなく。

榎本　迷惑防止条例では、平穏、名誉、行動の自由を侵害し、不安を覚えさせるような妬み、恨み、悪意の感情によるつきまといが処罰の対象になります。

ストーカー規制法は、恋愛感情、その他好意の感情が満たされなかったことによる怨恨の感情によるつきまといを処罰します。

また、それ以外に軽犯罪法などでも、つきまといは処罰の対象となっています。

浅見　中でも性的なつきまといとしては、自分としてはただ「かわいいから」とつけていってもその行為に対し相手が恐怖を感じたら警察に飛び込まれてしまうし、常習性があると、つまりしょっちゅうやっていると悪質性があると判断されてしまう。加害者側から見るとそうなりますね。

　でも逆に、被害者側は守られているということですね。

榎本　はい。そして身を守るためにできることもあります。犯罪者というものは、犯行可能な距離に近づき犯行直前になると、勢いをつけるために、何らかの兆し・予兆・コンタクト・サインを送ってくることがあります。そこでやる気・やりやすさ・逃げやすさを削ぐ必要があります。

浅見　そうなのですか。

榎本　気づいたら、その場ですぐに110番してください。勘違いでも構いません。パトカー、赤色灯と警察官の制服姿を不審者に見せつけてください。大きな声を出す、目で威嚇するなども対処法の一つですが、少し難しいかもしれません。

浅見　ノンバーバルなコミュニケーションが苦手な人たちですから、サインに気づくところにも弱さがあるかもしれません。

榎本　そうですか。もしかしたら、発達障害の女性は、傾向として、誰かと目が合うと、行動がフリーズしてしまって、相手から目線が外せない状態が続いてしまうので、そこを付け込まれることがあるのでしょうか……。でも気づいたら、とにかく「ノー」をなんらかのかたちで表すことが大事です。

浅見　ああ、「ノー」と言うのが苦手、もしくは罪悪感を持っている人も自閉圏には多そうです。でも「つきまとい」にしろ「衣服の上から触れる」にしろ周囲の人がどう言おうとはっきりと「犯罪」なので「ノー」と言ってもいいし、警察に駆け込んでもいいということですね。それを知っておくだけで助かると思います。

榎本　また、犯罪者の「狩猟的性質」を鑑みると、場合によっては、電車の中からずっと「獲物」を物色して、長時間・長距離、つきまとっている可能性もあります。自宅付近まで追い込めば、いつでも住居侵入して性犯罪を敢行できますから。時々後ろを振り向くことで、つきまとわれていないか警戒し、犯罪者のやる気・やりやすさ・逃げやすさを削ぎ取ってください。また、最寄りの交番や警察署に氏名、住所を告げて、防犯パトロールを依頼しましょう。ただし、性犯罪の場合、再犯性が高く、どんなに警察が張り込んでいるとわかっていても「挑戦」してくるタイプの性犯罪者がいるので注意してください。

参考になる本を二冊上げておきます。

『犯罪者はどこに目をつけているか』清永賢二＋清永奈穂＝著（新潮社）
『性犯罪者の頭の中』鈴木伸元＝著（幻冬舎）

あと、これは捜査関係者のための専門書ですが、女性検察官が書いた本をご紹介します。

『性犯罪・児童虐待捜査ハンドブック』田中嘉寿子＝著（立花書房）

！ 性犯罪は軽いものでも見過ごしてはいけない。はっきりと「ノー」を示すのも大事。

加害側に障害がある場合

浅見　中には、つきまといや望まぬ接触など明らかに性被害を受けているにもかかわらず、「いやがってはいけない」と支援者を名乗る人たちや保護者からさえも我慢を強いられることもあるようです。それはだいたい、加害者側に障害がある場合なんですけど。

・被害者側に障害　加害者側が健常

だと支援者たちは口を極めて加害者を糾弾します。そしてそれはかなり正当性のある場合が多いです。

けれども

・被害者側が健常　加害者側に障害

だと、「被害者側が我慢すればいい」という論調になります。この論調を変えなくてはならないのは、「いざとなったら被害者側が我慢することこそ障害者支援である」という支援業界独特の理念のもとに子どもたちが育てられ、信じ込んでしまうと、本当の意味での「社会との共存」が遠くなっていくからです。

そして最近わかってきたのは

・被害者側に障害　加害者側に障害

の場合にも被害者側が我慢させられている、あるいは被害を過小評価されているということです。「障害があるから（やられた方が我慢しても）仕方がない」をゼロにすることはできなくても、なるべく減らしたいのですね。

セクハラと性犯罪

浅見　・被害者側が健常　加害者側に障害のパターンとして、福祉の現場で働いている女性職員が男性利用者によるセクハラに遭う例があります。もちろんそういうことをしない人もたくさんいます。おそらく小さいころからきちんと周囲の大人が気をつけて教えた成果でもあると思います。だったら将来にわたり実際にその人たちの支援をする支援者のためにも、教えておいてあげてほしいんですよね。

榎本　セクハラ、と言いますが、性犯罪ではないですか？　セクハラと性犯罪はきちんと分けて考えておいた方がいいですよ。性犯罪は刑法にも各自治体の迷惑防止条例にも定めがあります。先ほど98ページで引用した東京都迷惑防止条例には続きがあります。

【公衆に著しく迷惑をかける暴力的不良行為等の防止に関する条例（東京都迷惑防止条例）】

●粗暴行為（ぐれん隊行為等）の禁止

［第五条］　何人も、正当な理由なく、人を著しく羞恥させ、又は人に不安を覚えさせるような行為であつて、次に掲げるものをしてはならない。

一　公共の場所又は公共の乗物において、衣服その他の身に着ける物の上から又は直接に人の身体に触れること。

二　公衆便所、公衆浴場、公衆が使用することができる更衣室その他公衆が通常衣服の全部若しくは一部を着けない状態でいる場所又は公共の場所若しくは公共の乗物において、人の通常衣服で隠されている下着又は身体を、写真機その他の機器を用いて撮影し、又は撮影する目的で写真機その他の機器を差し向け、若しくは設置すること。

三　前二号に掲げるもののほか、人に対し、公共の場所又は公共の乗物において、卑わいな言動をすること。

東京都迷惑防止条例の第五条第一項第一号の「痴漢」、第二号の「盗撮」のほか、第三号の「卑わいな言動」も迷惑防止条例で禁止されています。実際には「卑わいな言動」だけで送検に至ることはあまりないかもしれませんが、相手の同意なく触ったり、卑わいな言動をしたりすることはセクハラではなく性犯罪なのです。その認識をきちんと持っていただいた方がいいですね。

浅見　なるほど。前述の『アスペルガー症候群の難題』を読んで、「そんなにアスペルガーの人による性犯罪は多いのだろうか？」と不思議に思っていたのですが、私の中でも「セクハラ」と「性犯罪」の切り分けが法律に沿ったものではなかったのかもしれません。榎本さんの引用してくださった条文を読者の皆さんが参考にしてくださるといいですね。被害を防ぐためにも、加害を防ぐためにも。一般の社会で生きていく人にとっても、支援を受けながら生きていく人にとっても、他人の本能的領域を侵害しないことは大事ですから。

！　セクハラと性犯罪を明確に区別しておこう。「セクハラにすぎない」と考えているものが実は「性犯罪」かもしれない。

リベンジポルノ　素早い立法

榎本　今後、被害の心配がある性的な犯罪としては、リベンジポルノがあります。リベンジポルノは、被害が認識されてから立法が速かったよい例です。

二〇一三年十月、三鷹ストーカー殺人事件が起きました。女子高生の元交際相手が殺害直後に性的な写真を流出したのですね。

そして二〇一四年十一月にはもう、リベンジポルノ防止法が成立しました。

浅見　本当ですね。あっという間にできたのですね。そして「知らなかった」では済まないのが法律違反なので、やはりこれに違反すると罰せられてしまうのですね。

榎本　この法律の保護法益は、個人の性的名誉、性的プライバシー、私生活の平穏です。引用しましょう。

【私事性的画像記録の提供等による被害の防止に関する法律（リベンジポルノ防止法）】

●目的

［第一条］　この法律は、私事性的画像記録の提供等により私生活の平穏を侵害する行為を処罰するとともに、私事性的画像記録に係る情報の流通によって名誉又は私生活の平穏の侵害があった場合における特定電気通信役務提供者の損害賠償責任の制限及び発信者情報の開示に関する法律（平成十三年法律第百三十七号）の特例及び当該提供等による被害者に対する支援体制の整備等について定めることにより、個人の名誉及び私生活の平穏の侵害による被害の発生又はその拡大を防止することを目的とする。

●定義

［第二条］　この法律において「私事性的画像記録」とは、次の各号のいずれかに掲げる人の姿態が撮影された画像（撮影の対象とされた者（以下「撮影対象者」という。）において、撮影をした者、撮影対象者及び撮影対象者から提供を受けた者以外の者（次条第一項において「第三者」という。）が閲覧することを認識した上で、任意に撮影を承諾し又は撮影をしたものを除く。次項において同じ。）に係る電磁的記録（電子的方式、磁気的方式その他人の知覚によっては認識することができない方式で作られる記録であって、電子計算機による情報処理の用に

供されるものをいう。同項において同じ。）その他の記録をいう。
一　性交又は性交類似行為に係る人の姿態
二　他人が人の性器等（性器、肛門又は乳首をいう。以下この号及び次号において同じ。）を触る行為又は人が他人の性器等を触る行為に係る人の姿態であって性欲を興奮させ又は刺激するもの
三　衣服の全部又は一部を着けない人の姿態であって、殊更に人の性的な部位（性器等若しくはその周辺部、臀部又は胸部をいう。）が露出され又は強調されているものであり、かつ、性欲を興奮させ又は刺激するもの
2　この法律において「私事性的画像記録物」とは、写真、電磁的記録に係る記録媒体その他の物であって、前項各号のいずれかに掲げる人の姿態が撮影された画像を記録したものをいう。

榎本　「私事性的画像記録」というのは、第三者の閲覧を前提としない、誰にも見せない約束で撮った写真などです。恋人だけに見せる自撮りなどのことです。また、恋人の隠し撮り

や第三者の盗撮も含まれます。年齢要件はなく、「児童」ではなく、「人」の姿態です。女性に限らず、男性も対象です。児童ポルノ禁止法では十八歳未満の児童の姿態に限られていましたが、この法律では年齢や性別にかかわらず性的プライバシーが守られています。アダルトビデオやグラビア写真のように、公開を前提として撮影許可したものは保護されません。

浅見　すでに表に出ている出版物は罰せられないのですね。

榎本　公開を許可して撮影されたものであれば、罰せられません。私事性的な画像であれば、データでも紙でも該当します。サーバーに保存し、不特定または多数の人がアクセスできる状態に置くことも罪に問われます。性交類似行為、ぼかしが入った画像、性器などが直接撮影されてない画像、上半身のみが裸の画像、水着や下着でも該当の余地があります。なお撮影された画像は該当しますが、ＣＧや絵は該当しません。

浅見　なるほど。本当に個人の性的プライバシーを守るために絞られているのですね。そして、スマホの普及等で実行が容易になってしまい、それにつれて司法の側も対策を練っている。それにしても三鷹で事件が起きて表ざたになるまでは、性的プライバシーを侵害されても取り締まる法律はなかったのですか？　それも心細い話だなあと思いますが。

榎本　もちろん名誉毀損でも捜査はできます。法律の不備がある場合でも、（邪）悪に対して警察はあらゆる法令を駆使します。だからこそ、権利の濫用にならないように、真実を見究める目が必要とされ、日々、試されています。

浅見　ああなるほど。

榎本　名誉毀損もリベンジポルノ防止法の公表罪も親告罪なので、告訴がなければ、起訴はできません。法廷で被害者のプライバシーが更に侵害されるおそれがあるからです。

リベンジポルノ防止法では、私事性的画像記録の拡散を防ぐため、プロバイダ責任制限法の特例を設けて、プロバイダ等が迅速に私事性的画像記録を削除できるようにしています。被害者はリベンジポルノ画像が一日も早く削除されることを望んでいますが、プロバイダ責任制限法によると、加害者に通知してから最大「七日間」削除できず、画像が拡散する事態を防げませんでした。リベンジポルノ防止法の特例により、この「七日」が「二日」に短縮されました。

わいせつ物に関して、児童ポルノ禁止法では、所持罪があります。つまり、所持しているだけで罪を問われます。

一方、リベンジポルノ防止法では「私事性的画像記録」の保持そのものは処罰されませんが、「私事性的画像記録」を二次的に取得し、転載、拡散した場合は、処罰されます。また、リベンジポルノ防止法では、過失によりインターネット上で拡散された場合は、処罰の対象となりません。ただし、本当に過失なのかどうかは警察が捜査するでしょう。

リベンジポルノ防止法と他の類似の犯罪をそれぞれの保護法益で比較してみます。

リベンジポルノ防止法は、個人の性的名誉、性的プライバシー、私生活の平穏を守っています。児童ポルノ禁止法は、児童個人と社会の善良な風俗を守っています。刑法の「わいせつ物頒布」は、社会の善良な風俗を守っています。刑法の「名誉毀損」は個人の外部的名誉、社会的評価を守っています。


浅見　同じ「わいせつ」に関する法律でもそれぞれの保護法益が違う。つまり、被害者が何を毀損されたかによって細かく法律はできているのですね。

そして元からあった法律でも被害者は守られていたのだけれど、さらに使い勝手が良い法律が速やかに成立する場合もあるということですね。

法治国家に生きることは、安心です。そして素早い立法は、頼もしいなあと感じます。

> **被害者を守る法律は速やかに成立することもある。「自分にとってつらいことをした人には復讐していい」と思い込むのは極めてリスクが大きい。**

第五章 他人の正義とどう折り合うか　名誉毀損・業務妨害

他人にも幸福を追求する権利がある

浅見　さて、リベンジポルノは文字通り「復讐心」を実行に移すと犯罪になるよい例ですが、この章では、「他人の正義とどう折り合うか」を見ていきます。

今回の本で取り上げる議題の一つとして榎本さんは、名誉毀損・業務妨害を上げてきてくださいました。榎本さんご自身知能犯担当だったということで名誉毀損の事件に対応することも多かったのだと思われますが、私は発達障害を語るときに名誉毀損がそれほどリスクが高いかどうか迷っていた面もありました。たしかに私自身は名誉毀損の被害者になりましたが、事例としては多くないと思ったのです。

榎本　そうですか。

浅見　ただ考えてみると、発達障害の人もその周辺の人たちも、ニキさんの言葉を借りるならば

・「自分の好みに合った世界」と「よい世の中」の混同

はたびたび起こしているのですよね。
「自分の好みに合った世界」＝「よい世の中」だと信じていたとしても、それが必ずしも通じない場面がある。「個人が個人を罰してはいけない」という「罪刑法定主義」。そういった大原則を知らないと、「自分が罰しなければ」という方向に走り、それがたとえ物理的な暴力を伴わなくても結果として名誉毀損・業務妨害という罪になってしまうこともあるのかと思いました。

榎本　アスペルガーの人の中には、特定の事柄に反復固執する傾向がある人がいますよね。

浅見　そうですね。それがいい方向に出ることもあるのですが。

榎本　けれども、度を超しやすいとどうなるでしょうか。犯罪者のように、徹底的に悪事に走るか、刑事のように、徹底的に悪事をやっつけるか、両極端に偏る傾向があるように思います。

浅見　なるほど。

そういえば私が「アスペルガーと犯罪は何か関連があるのだろうか？」と興味を持つときに、想定しているのは殺人やハイジャックなどの人命が失われるような事件ではないんですね。むしろ普段の生活の中で自分の中の正義にこだわり、その正義を犯していると思われる他人に出会ったときの攻撃性が犯罪につながるのではないかと思うことが多いのです。

榎本　まずは名誉毀損を刑法から引用しておきましょう。

【刑法】
●名誉毀損
［第二百三十条］　公然と事実を摘示し、人の名誉を毀損した者は、その事実の有無にかかわらず、三年以下の懲役若しくは禁錮又は五十万円以下の罰金に処する。

なぜ名誉毀損が罪になるかというと、日本国憲法第十三条によって、国民の個人としての尊重、幸福追求に対する国民の権利の尊重が保障されているからです。

【日本国憲法】
●個人の尊重・幸福追求権・公共の福祉
［第十三条］すべて国民は、個人として尊重される。生命、自由及び幸福追求に対する国民の権利については、公共の福祉に反しない限り、立法その他の国政の上で、最大の尊重を必要とする。

もちろん、日本国憲法第二十一条は言論の自由を保障しています。しかし、なんでもかんでも無制限に主張しても良いわけではありません。

【日本国憲法】
●集会・結社・表現の自由、通信の秘密

［第二十一条］　集会、結社及び言論、出版その他一切の表現の自由は、これを保障する。
２　検閲は、これをしてはならない。通信の秘密は、これを侵してはならない。

名誉に対する罪が保護するのは、社会活動の土台となる、人に対する積極的評価です。つまり、人に対する社会的評価、社会的名誉、名声、世評、価値判断などです。
名誉に対する罪に、物理的な侵害は不要です。また、社会的名誉が侵害されたことを認定するのは困難で、認定するためには再度、名誉が害されるおそれがあるので、実際に名誉が侵害されたことは犯罪の成立に関係ありません。

浅見　つまり、殴ったりして身体の一部を毀損しなくても、実害が伴わなくても、他人の名誉を毀損するとそれだけで罪に問われる可能性があるわけですね。
そしてここが肝心だと思うのですが、誰か嫌いな相手がいたとしても、その人も自分と同じように個人として尊重され、その人なりの生命、自由及び幸福追求に対する権利が保障されている。その権利を侵害することはできないわけですね。

たとえ自分が嫌いな相手であっても、自分と同じように、その人なりの生命、自由及び幸福追求の権利が保障されている。

榎本　はい。個人も法人その他の団体も名誉の主体、つまり被害者になり得ます。また、名誉は、幼児や精神病者にも認められます。そして、家族の名誉は構成員ごとに属します。

名誉毀損の行為とは、「他人の社会的地位を害するに足るべき具体的事実」を故意に「公然と表示」することです。

たとえば前科のように、できれば他人に知られたくない事実があったとします。それがたとえ公知の事実だとしても、公然と摘示すると名誉毀損に問われることがあります。

摘示の方法は、たとえ人名が特定されなくても、表現の全体、行為当時の状況から誰を指すか明らかになれば、名誉毀損に問われることもあります。

またモデル小説のように、フィクションではなく、ノンフィクションと受け取れるような表現方法で、読者に事実と推測される場合、名誉毀損罪が成立する可能性があります。

名誉毀損罪には故意が必要ですが、摘示する事実の真実性、虚偽性の認識は故意と無関係です。ただし、真実だと誤信したことに相当の理由があれば、故意が阻却されることがあります。他人の社会的評価を害しうる事実を不特定または多数人が認識しうる形で摘示していることに対しては、未必の故意が必要ですが、それ以上に名誉毀損の意図や目的は不要です。

このように、一般の名誉毀損罪は、「その事実の有無にかかわらず」成立します。摘示する事実は、虚偽でも、真実でも、公知の事実でも関係ないのです。

ただし公共の利害に関する場合には特例があります。

【刑法】

●公共の利害に関する場合の特例

［第二百三十条の二］　前条第一項の行為が公共の利害に関する事実に係り、かつ、その目的が専ら公益を図ることにあったと認める場合には、事実の真否を判断し、真実であることの証明があったときは、これを罰しない。

2　前項の規定の適用については、公訴が提起されるに至っていない人の犯罪行為に関する事実は、公共の利害に関する事実とみなす。

3　前条第一項の行為が公務員又は公選による公務員の候補者に関する事実に係る場合には、事実の真否を判断し、真実であることの証明があったときは、これを罰しない。

浅見　やはり「国民の自由な活動」をできるだけ許そうという法の理念が見られますね。言論の自由があり、権力批判も許されている。けれども自由な活動をしている中で名誉を毀損されたら、それを法に訴えることもできるのですね。

「言いがかり」も犯罪になりうる

榎本　信用毀損・業務妨害についても引用しておきましょう。

【刑法】
●信用毀損及び業務妨害
［第二百三十三条］　虚偽の風説を流布し、又は偽計を用いて、人の信用を毀損し、又はその業務を妨害した者は、三年以下の懲役又は五十万円以下の罰金に処する。

この犯罪は、虚偽の風説を流したり、偽計を使って、人の信用を毀損したり、業務を妨害する罪で、具体的な危険の発生は必要ありません。虚偽の風説を流したり、偽計を使った結果、現実に信用が低下したり、業務が妨害されたりする結果の発生は必要ないのです。信用とは、「人の支払意思または支払能力に対する他人の信頼」なので、この罪は、経済的な側面が強いです。

浅見　なるほど。他人の経済活動を妨害すると信用毀損になるのですね。では、気に食わない相手がやってもいない犯罪行為に手を染めている、という「言いがかりの流布」も罪になるおそれがありますか？

榎本　「行為者が確実な資料・根拠を持たないで述べた虚偽の事項を不特定または多数人に

伝え」たり、「いたずらの程度を越えるような不正の手段」を使って、人の信用を毀損したり、業務を妨害すると、信用毀損罪、偽計業務妨害罪の疑いをもたれることになります。

業務妨害罪で保護する「業務」とは、「個人や法人が社会生活上の地位に基づいて反復継続して行う経済的、社会的な活動」です。偽計業務妨害罪以外に、威力を用いて人の社会的業務を妨害する威力業務妨害罪もあります。

浅見　威力とはなんですか？

榎本　「威力」とは、「人の意思を制圧するような勢力」、「犯人の威勢、人数および周囲の情勢よりみて、被害者の自由意思を制圧するに足る犯人側の勢力」とされています。ちなみに「偽計」とは、「威力」以外の不正の手段とされています。

「偽計」と「威力」との区別は、実際にはあまり差はないようで、事件ごとにどちらが相応しいか判断しています。

【刑法】

●威力業務妨害

［第二百三十四条］　威力を用いて人の業務を妨害した者も、前条の例による。

榎本　「威力を用いて」は、必ずしも直接、人に暴行・脅迫を加える必要はなく、人の自由な行動を不可能もしくは困難にすることです。たとえば度を越した頻回な無言電話、爆破予告なども威力業務妨害に相当します。

　威力業務妨害罪は、名誉毀損罪や信用毀損罪などと少し異なり、「粗暴犯」的な色合いが強いので、脅迫罪や強要罪のような「自由に対する罪」の側面もあります。そのような理由から、警察では、強行犯捜査係が担当することも多いですね。

浅見　他人の自由な活動を制限することは罪なのですね。

榎本　実際に業務が妨害されて、中止・不能となった結果の発生は、事件成立にはやはり関係がありません。

　事件によっては、「公務所に対する抗議」や「労働争議」など、政治的、思想的な色合いが強く感じられます。

浅見　業務妨害の結果業務が妨害されず予定通りに行われたとしても「他人の自由な活動を

妨害する」ことは罪を問われることがあるわけですね。

「理解されない恨み」が犯行動機になっている？

浅見　世の中は意見の違う人がたくさん集まってできている場所ですから、そこで批判をする自由はある。ただそれが度を越すと、相手が被害感情をもって訴訟を起こされることもある。虚偽の風説を流布したり、威力をもって相手の自由な経済的・社会的活動を妨害しようとしたらそれも罪に問われる可能性がある、ということですね。

私が受けた被害の場合に限ると、実は相手と一度も面識がありません。だから、もらい事故のようなものでした。専門家たちは「アスペルガーの人はつらい目に遭ってきたから二次障害で悪いことをするのだ。大事なのは世間の理解なのだ」と言いました。けれども一度も会ったことのない人物の二次障害で全く面識のない私たちが被害を受けるのは、不当だと思いましたし、今後こういうことは起きてはいけないと思いました。「これまでのフラッシュバックが積み重なって浅見さんにぶつけられているのだ」と説明してくださった精神医療の専門家もいました。フラッシュバックがまわりまわって関係ない人物に向けられ、犯罪になるということもあるわけです。

つまり、フラッシュバックは当人にもつらいものだけれど、他の誰かに迷惑をかけ、それが犯罪レベルまでいってしまうこともあるわけです。ならばフラッシュバックを解消し、他人に八つ当たりする人が減ってほしいなと思います。八つ当たりの結果、気に食わない相手を誹謗中傷してしまえば、名誉毀損になるし、相手が経済的に利益を上げているのが悔しくてそれを妨害すれば、たとえ妨害の結果相手に経済的に不利益が生じなくても業務妨害になるからです。

とくに名誉毀損は親告罪で、親告罪の場合、被害者が被害を認めて告訴すると腹をくくらなければ事件化しません。顕在化していないのは、だからかもしれません。

自傷・他害を解消しておくことと同じくらい、フラッシュバックを解消しておくことは大事だと思います。花風社があの事件を機にフラッシュバックを解消するための身体アプローチと出会いそれを広めているのは、一つの自然な流れだと考えています。

それと、自分が自由に活動できるように、自分の嫌いな人も自由な活動を許されているのだという大原則は、不愉快かもしれませんが、知っておかなくてはならないと思います。

自分が自由を享受できるように、自分の嫌いな人にも自由を享受する権利がある。フラッシュバックの解消は法を守るうえで大事。

榎本　個人的な意見ですが、名誉毀損を犯す側の潜在化している犯行動機には、自分の存在理由、痛みや苦しみが、世の中や自分以外の誰かに理解されないことへの恨みつらみがあると思います。

また建前ではなく、本音では、財産犯的な、経済的な側面が強いので、被疑者が「組織」や「社会」の中で経済的な利益を上げられていないという世の中への不満があって、被疑者のほかに「組織」や「社会」の中で経済的な利益を上げているであろう人に矛先が向くという構図の、厭世的な動機から起きる犯罪なのかもしれません。

浅見　その恨みつらみをどう解消するかが今後の課題ですね。そして社会を変えようとするのと自分を変えようとするのどちらが恨みつらみの解消につながるのか、そこが意見が分かれるところなのかもしれません。私としてはひとりひとりが「いかに資質を開花するか」を今後も探っていきたいと思います。資質が開花すれば、恨みつらみはフェードアウトしていくと考える立場を取っています。

名誉・信用は財産である

榎本　・名誉毀損罪　・侮辱罪　・信用毀損罪　・偽計業務妨害罪　・威力業務妨害罪

に共通していることは、犯行に対する犯人の故意は、「自分がやったことによって毀損や妨害のおそれがあるかもしれない」という程度の未必的な認識でよく、「積極的に毀損・妨害する目的意思」や「毀損・妨害の結果発生」は不要ということです。

浅見　実害が伴わなくても他人の活動を妨害するだけで罪になるのはなぜなのでしょう?

榎本　平穏に行われている「人の社会的活動の自由」が保護の対象だからです。業務とは、人がその社会生活上の地位に基づいて反復継続して行う「経済的、社会的な活動」です。と同時に、先ほども述べたように犯行、犯人の特徴としては、政治的・思想的な色合いが強いように、私は思います。

それゆえに、犯人の独善的な正義感で敢行する「私刑」的な犯行であるような印象を私は受けています。

刑法第三十四章　名誉に対する罪

・名誉毀損罪　・侮辱罪

に関しては、言論・表現の自由を保障する観点から、事実認定に対しては、慎重に捜査を行います。

繰り返しますが日本国憲法第二十一条で言論の自由が保障されているわけですが、日本国憲法第十三条ですべての国民は個人として尊重されています。言論の自由も無制限に保障されているわけではありません。

そして名誉毀損罪と侮辱罪は親告罪です。その理由は二つです。

一つは、被害者の意思を無視して訴追しなければならないほど、法的侵害が大きいとは必ずしも限らないから。

もう一つは、訴追されるとさまざまな事情が法廷で明らかにされるので、被害者の名誉を再度、傷つけることになりかねないからです。

人が社会生活・社会活動を円滑に行うためには、外部からのその人に対する積極的評価が必要です。名誉はまさに「個人が社会生活を営む上で重要な権益」です。名誉を葬られると、社会からも葬られることになるからです。

刑法第三十五章「信用及び業務に対する罪」は、刑法第三十四章「名誉に対する罪」と刑法第三十六章以下の「財産に対する罪」との間に置かれているので、「信用及び業務」は、「名誉」と「財産」の中間にあるものだと私は思っています。

浅見　他人の名誉・信用は他人の財産なのですね。だから壊してはいけない。

榎本　名誉・信用をもとに社会活動を行うのですから。名誉・信用は生存の基盤、保護されるべき財産なのですね。

！他人の名誉・信用は他人の財産である、と考えておく。

第六章
他人のものを盗んではいけない　窃盗について

なぜ他人のものを盗んではいけないか？

浅見　さて、名誉毀損は知能犯の担当なんですよね。それに対し、これがふさわしい表現かどうかわかりませんが、やはり一番「手軽」ともいえる犯罪は、窃盗とかシンプルに他人のものを盗んでしまうことではないでしょうか。

親が普通、最初に子どもに教える道徳の一つが「他人のものを盗んではいけない」だと思います。

榎本　窃盗は、財産に対する罪、財産犯の一種です。財産は個人の生存、社会的活動の基盤です。

浅見　たしかに。人は持ち物によって命を長らえ、社会的活動をしています。生存の基盤を奪う行為だから、許されない。そう考えておくといいですね。

榎本　刑法を引用しておきましょう。

【刑法】

●窃盗

〔第二百三十五条〕　他人の財物を窃取した者は、窃盗の罪とし、十年以下の懲役又は五十万円以下の罰金に処する。

他人の持ち物を奪うことは、他人の生存の基盤を奪うことである。ゆえに許されない。

窃盗は犯罪の入り口？

榎本　財産犯には、窃盗、強盗、詐欺、横領、背任、恐喝、そして器物損壊などがあります。侵害行為の態様でいくつか分類してみます。

・［財産毀損罪］　器物損壊など
・［財産領得罪］　窃盗など
・［盗取罪］　窃盗、強盗
・［非盗取罪］　詐欺、恐喝

窃盗（自転車泥棒、空き巣、ひったくり、すりなどの手口）は、他の財産犯（強盗、詐欺、恐喝など）と違い、基本的に被害者との会話、言語を必要としません。また財物が目的ですので、手口によっては、被害者と顔を合わせることすら必要としません。

浅見　ああ、たしかに。犯罪としては難易度が低いわけですね。

榎本　一方、詐欺や横領、恐喝では、被害者や関係者との言語、高度に犯罪化されたコミュニケーションが必要です。

警察署の刑事課では、窃盗は盗犯捜査係、強盗、恐喝、器物損壊は強行犯捜査係、詐欺、横領は知能犯捜査係が担当します。

一般に、犯罪は盗犯から強行犯、知能犯へと高度化していくと言われています。被害者と顔すら合わせていない盗犯（犯人が誰だかわからない空き巣）や、強引に財物を奪い取る強行犯（暴力団員による恐喝）よりも、被害者と顔を合わせる知能犯（不動売買名目の詐欺など）の方が、犯罪の構造が難解なことが多く、事件の受理から処理までの手続きが複雑なため長期化して、実は、捕まえにくい（立件、起訴、実刑判決が難しい）実情があるからです。暴力団や不良外国人の犯罪組織も、主たる犯罪収益は、足がつきやすい窃盗や恐喝などではなく、詐欺などの知能犯罪から得ているようです。

盗品捜査が比較的しやすい侵入窃盗と違って、ひったくりや車上狙いはなかなか検挙できない実態がありますが、窃盗には、必ず財物があるので、盗品を発見することが犯人検挙への有力な手がかりです。犯行も知能犯と比べるとわかりやすく、捜査も立証しやすいのが特徴です。

浅見　つまり、やってしまうとつかまりやすいわけですね。

榎本　犯罪者にとって、窃盗が犯罪の入り口であるならば、警察官にとっては、盗犯捜査が事件捜査の入り口、登竜門でもあります。

交番勤務の制服警察官が自転車で単独警らして職務質問するのは、やはり自転車に乗った人ですね。

単独の自転車警らで自動車を停止させて、車内検索をするのは、逃走防止や事故防止上、なかなか大変ですが、自転車に乗った方に声をかけて、防犯登録を確認することは比較的容易です。

制服姿で外に出て、街頭犯罪を防止しながら、職務質問で自転車泥棒を検挙していく経験を積むことで、内勤（刑事課など）に入ったときのために、事件処理（捜査書類の作成など）を覚えていきます。

人と話すこと、目を養うこと、書類を作ること、刑事にはこの三つが必要だからです。

浅見　おまわりさんにとっても、悪いことする人にとっても、「人のものを盗む」事件は出発点になっているわけですね。
発達障害の人の場合、「自分のものと他人のものの区別」が自然にわかりにくいことがあるので、うちの著者のおひとり、こよりさんは著書『支援者なくとも、自閉っ子は育つ』の中で「おじいちゃんおばあちゃんのお皿から好物のものをもらうところから勘違いさせないように気をつけた」とご自分の体験を書いてくださっています。定型発達の子は、「おじいちゃんおばあちゃんは孫が好物をかすめ取っても場合によっては目を細めて見守ってくれるかもしれないけどよその人にやったらだめ」とか使い分けが比較的しやすいんですが、自閉圏の人は認知の特性からはそれがわかりにくい場合もあるようなので、よその人のお皿から好物を奪ったら大変です。だから最初から「食べていいのは自分のお皿のものだけ」と教えたそうです。そしておじいさんおばあさんが好物をくれるときには、まずこよりさんが自分のお皿でそれを受け取って、それから子どもたちのお皿に入れる、という手続きをわざわざ取ったそうです。

社会に出たら、財産にせよ名誉にせよ、「他人のものを奪わない」のは大事なことです。名誉毀損のところで見たように、他人にも、それがたとえ自分が嫌いな他人でも、生存し幸せを追求していく権利があるのが自由な社会であり、その基盤がその人の持ち物、すなわち財産であり、法によってその社会が治められているからです。

！

自分のものと他人のものの区別がつきにくい特性を持っているのなら、小さいときから例外を設けず教えるのが大事。

どうやって「盗みをしてはいけない」と教えるか？

浅見　その社会の中で共存できる資質を子どもの中に育むのが大人の役目です。それは発達障害のある子でも同じです。

ではどうしたらそれが可能になるのでしょうか？

強硬に言って聞かせるしかないのでしょうか？

榎本　強硬に言って聞かせるしかないから放置する。あるいは強硬に言って聞かせても聞いてくれない。そういう経験を積んで意欲を失っていく人は多いのかもしれません。

私は遵法教育は「鬼手仏心」だと思っています。

浅見　鬼手仏心？

榎本　はい。

次の部ではそれを説明していきたいと思います。

第二部
鬼手仏心の遵法教育

第七章 刑事として、支援者として、そして一人の人間として、凸凹のある人たちにどう接してきたか？

アンバランスな人たちとつきあってきた

浅見　榎本さんは、特別支援教育の現場に入る前にも特性として凸凹のある人たちに接してきたとおっしゃいますが、それは被疑者にアンバランスな人が多かったからですか？

榎本　実は私、刑事になる前からアートの世界に縁があり、そこで活躍するアンバランスな人たちと多くつきあってきました。そして刑事の世界でもアンバランスな人たちはいました。素晴らしい仕事をする人たちで、そういう人たちから色々学びました。それにもちろん、被疑者の中にもアンバランスな人は多かったです。

浅見　同じようにアンバランスな人でも、たとえば独特の感性を活かして刑事やアーティストとして活躍している人と、被疑者側に回ってしまう人と、その違いは何だと思いますか？

榎本　「やっていること」に「才能がはまっている人」はどうにかなっていますね。たしかに、知的障害があるとより障壁は大きいと思いますが。
　知的障害のないアンバランスな人で、「とりあえずどうにかなっている」人は、適性があるかどうかはともかく普通の教育をなんとか受けて、その後適性のある仕事につけた人たちだと思います。
　そしてもちろん被疑者の中にも、才能がある人はいるんです。たとえば詐欺の疑いで被疑者を取り調べしながら、この才能が営業の方に活かせたらすごいだろうなと思ったことも正直あります。プレゼンなんかやればきっと上手いだろうな、とか。

浅見　ああ、わかります。私たちは「強みは弱みの裏にある」と考えているんです。だから、「どこが強いか」だけではなく「どこが弱いか」にも注目して、活かすことができると考えています。

榎本　あと、今はアートをやっているけれど、育ちの途中でどこか集団で鍛えられた経験を持っている人は強いですね。実は中学時代は野球部だったとか。押しつけだと思われるかもしれないけど、もまれながら負けん気を持ってやってきた人は強いです。

浅見　特別支援教育の発展によって、一切の頑張り、一切の理不尽と無縁になってしまうとすると、得るものもあれば失うものもあるのではないかというのが私たちの問題意識でもあるんです。

アンバランスなことも資質であり、活かすことができる。鍛えられる集団を経験してきた人は強い。

権威は通じない

浅見　ところで榎本さんご自身は、そのようなこれまでのご経験を踏まえ、特別支援教育の現場でどのように子どもたちに接するのですか？

榎本　これは今までの人生で出会ってきたアンバランスな人たちに対する接し方と同じかもしれません。私の場合には、波長を合わせながら、徹底的につきあうんです。

浅見　徹底的につきあうんですか。

榎本　はい。向こうが「もういい、わかった」と遠慮しだすまで。職質から聞き込み、取り調べや交渉まで、粘り強く徹底的につきあうのが、警察で身につけた私のスタイルでした。

浅見　ほほう。それが榎本さんのやり方なんですね。

榎本　そうです。警察官のときも、上司に対してもそうでしたし被疑者に対してもそうでした。波長を合わせて徹底的につきあう。今、子どもたちと接するのも同じです。

子どもたちの中にはフラッシュバックが強くて暴言・暴力のある子、パニックを起こす子もいます。それでもとにかく一緒に遊ぶ。栗本啓司氏や灰谷孝氏の本なども参考にして回転動作を一緒にしたり、足腰をとにかく動かす遊びをしたり。水遊びが激しい子には、栗本さんのご著書を参考に腎臓を温めてみたりしました。そうすると水遊びも治まるし、社会性も伸びてきますね。自傷・他害が消えていって、人に興味を持っていきます。

浅見　それが結果的に将来法を守る大人になることにつながるんですよね。

榎本　そう思います。そして学校の先生だって、将来法を守る大人になってほしい気持ちは持っているはずです。立場上仕方がないのかもしれないけど、そのために学校の先生はどうしても言うことを聞かせようと思って権威をもってするかもしれない。でも私はまず好意を持ってもらう。そういうやり方をしています。

権威を感じさせるより好意を持ってもらうことを心がける。

尊敬の念を込めて言いますが、発達凸凹の子たちは日本神話の中に出てくる神様みたいにスーパーナチュラルです。犯罪者とたくさん対峙してきたあとでは、本当に癒されます。と同時に、アンバランスであればあるほど、権威は全く通じないのがわかります。けれども好意は感じてくれるようです。そして権威で相対するより好意で相対する方が関係性ができる気がしています。

もちろん、絶対に止めなきゃいけないときには理で諭します。結構聞いてくれます。そしてそれは、好意のベースがあるからだと思っています。

子どもへの個別対応はたびたび指摘されますが、子どもたちも結構大人に個別対応していますよね。

浅見　たしかに。「この人に言われたから聞く」っていうのはありますね。

榎本　信頼できる大人が一人いることで法律が守れるように育つと思うんです。

浅見　「この人が自分にとって悪いことを言うわけがない」という信頼できる大人が言うことは、聞くかもしれませんね、たしかに。

❗ 遵法教育には「信頼できる大人」が一人いることが大事。

遵法教育の八割は

榎本　だから遵法教育で大切なことは、保護者や支援者や教師などの大人が子どもとの信頼関係を築いていくことだと思っています。

浅見　なるほど。言われてみると当然のことなんですが、「発達障害児」に対して「療育しなければ」という思い込みのもとに、そういう当たり前のこと、基本中の基本を忘れがちになってしまうかもしれません。刑事さんたちだって被疑者の人たちに対して、信頼関係づくりを心掛けて仕事しているのに。

榎本　はい。関係づくりの大切さは刑事の仕事を通じて学んだし、だから子どもたちにもそうやって接しているし、そしてそのためには、言葉以前のアプローチが大切だと思っています。

浅見　私たちは「言葉以前のアプローチ」を主として「個体が発達していく」ために大切だと思って展開してきたのだけれど、個体の発達とは外の世界と触れ合うことなのだから、社会性を築いていくためにも言葉以前のアプローチは大事ですよね。

社会性の発達のためにも、身体アプローチ、言葉以前のアプローチは大事。

榎本　学校の先生は教えなきゃいけないことが多すぎて立場上難しいのかもしれませんけど、自分はあれもこれも「ダメでしょ」とは言わないようにしています。そのうえで本当にやってはいけないことをやっているときには動きます。そして動くかどうかの基準はやはり「生命・身体・財産」を毀損しようとしているかどうか、なのですね。

浅見　榎本さんはこの本のために法律の引用をたくさん持ってきてくださいましたが、律儀な性質を持つ自閉圏の人などはああいうものでスパーンと納得することもあるのです。でも遵法教育には言葉以前のアプローチが大事で、信頼できる大人が一人いることが大事と言うご指摘はたしかにうなずけます。

榎本　遵法教育においては、非言語領域が八割だと思います。非言語領域での関係性があるから遵法を説いても効くのです。つまり、情があるから理が効くのです。生命・身体・財産が脅かされているときには一時的に止めなきゃいけません。それは理の領域です。でも、内側の遵法精神は情の領域に育まれます。

浅見　どうも現行の療育のシーンでは、「理」が多いんですね。

榎本　でも非言語教育をしないと情は育たないと思います。情の通い合いがないと。

浅見　その場合の「非言語教育」とはなんですか？

榎本　まずは一緒に身体を使って同じ体験することです。プールとか、宿泊体験とか、一緒にご飯食べるとか。

浅見　それは多くの人がやっていることだと思います。家庭は当然そういう場だし。でも遵法教育っていうと、もっとすごいことをやらなきゃいけないとみんな思い込んできたと思います。行動療法とか。

榎本　卓球でもいいんです。とにかく人と分かち合い、楽しむ経験が土台になります。

浅見　卓球はとてもいいですよ。不登校の子が卓球やってたら登校し始めたりするんです。

榎本　共存の根っこは一緒に遊ぶことですよね。一見無駄なことをして一緒に遊ぶこと。一緒にご飯を食べること。それが関係性を作ります。

共存の根っこは一緒に遊ぶこと。その中に遵法精神は育つ。

表現手段を持つ大切さ

榎本　実は私、警察に入る前はダンサーをやってたんですね。もともと武道や東洋体育に興味があり、大学院のときに北京に留学したんです。武道や気功と語学を学ぶはずだったんですけど、なぜかダンスを始めてしまって。

浅見　北京留学？　ダンサー？　そうなんですか？　異色の経歴ですね、それは。事件でお世話になっていたときに、榎本刑事がそんな多彩な経歴をお持ちだとは夢にも思いませんでした。職務に忠実な刑事さんのイメージしかありませんでした。

榎本　今でもダンサーとしてお金をもらうこともあります。けれども生計が立てられるほどではありません。基本、楽しいから踊るんです。

私にとってダンスは、食欲や性欲とも違い、名誉や金銭のためでもなく、自分の内側にある内発的動機に基づいているから、ただの自己満足で踊ります。

でも保護者、支援者の方から、なんのために踊るのか、ダンスのメリットについて説明、理屈を求められることもあります。なんでダンスなんてやっているのか、と。

そこでもっともらしく説明すると、メンタルな面では、フロー（没頭）状態に入れるとか、一見、無駄なこと、遊びを通じて創造的な活動ができるとかです。

また、身体のグラウンディング（土台作り）に役立つとか、体温が上がるとか、弛むとか、偏りが活きるとかなんです。ストリートダンスの中にはそのモチーフが障害を持っている人の動きだったりすることもあるので。

浅見　そうなんですね。

榎本　自分を表現するのは大事ですよ。特に黎明期のストリートダンスの世界は、入ってくる人にいわゆる「不良」が多かったんです。

浅見　ああ、それも想像できます。

榎本　でも打ち込むものがあって、それによって表現ができると、悪いことはしなくなります。いわゆるスポーツじゃなくても、アートでもなんでもいいんです。表現することができればいいんですよね。

浅見　それはよくわかります。持っているエネルギーを「身体・生命・財産」が毀損されない方に向けてあげる方法を探すのが、一つの支援かもしれませんね。

持っているエネルギーを「表現すること」に向けるのも大事。

正論は効かない?

榎本　犯罪者は、喜んで犯罪をやっている面があります。暴走族も、彼らは彼らの楽しみとして、夢中になって走っています。だから正論は効かないんです。理屈で言っても聞かない。でも教育現場では、正論を多用することが多いですね。たとえば寝っ転がっている子に「おかしいよ」と説得して立ち上がらせようとするのも正論で行動の変化を期待してのことでしょう。ただ、それではなかなか本人には通じないのでは、と私は思っています。

被疑者にしたところで、正論は通じません。やりたくてやっているのですから。だからこそ、あなただから聞く、と好意をもってもらう関係づくりから入るのです。究極的には「法律でこうだから」なんですけど、まずは関係づくりから。

浅見　まあ自閉圏の人などは「法律でこうだから」で効果がある人も相当いるんですけどね。

だからこそ、きちんと教えてあげればいいのに、何かを恐れてきちんと教えられない人も多い。ただ、悪いこと自体を楽しんでいる段階では無理でしょうね。

榎本　違反だとわかっているけど、実は、楽しんでやっているときには、正論が効かないことを前提にアプローチしなくてはなりません。

浅見　それはどうするのですか？

榎本　情を醸成するアプローチを取ります。これは子どもたちとは比較的作りやすいです。一緒に遊んだり、握手をしたり、肩をポンポンと叩いたり、ある程度は、身体的な接触もできますから。

浅見　なるほど。

榎本　でも被疑者とは身体の接触はできません。

浅見　そうするとどうするのですか？

榎本　自分の声のトーンや、服装、表情、態度、アプローチの仕方で、彼らから信頼を得られるよう、工夫します。私の場合は、逮捕された被疑者が留置場で読んでいる本、小説などを聞き出して、話題づくりのために同じ本を買って読んだりしていました。

また、私に「人たらし」になれ、と教えてくれた先輩・上司は、逮捕した被疑者の取り調べで、規則上は飲ませられないコーヒーの代わりに麦茶を飲ませてあげたり、硬い椅子に座布団を敷いてあげたり、被疑者に対して、ルールをギリギリまで解釈して、気を使い、面倒をみて、信頼関係を築いて、供述を引き出し、つまり、更生へと導いていました。

浅見　なるほど。「情の醸成」という意識の上では、警察は一歩先を行っているかもしれません。それは「更生」という社会的な大義があり、目的がはっきりしているからかもしれません。

榎本　多くの教育関係者は、「信頼関係の醸成」ができていないにも関わらず、時間的な問題・外部的な問題から、正論でいきなり「影響力の行使」をして、「行動の変化」を期待してしまうかもしれませんね。すると、反発されたり、いったん聞き入れても、それをあとで恨みに思って報復行動が出ることがあります。それが自傷・他害です。

正論を通じさせる前に、まずは関係を築く。

遵法教育における家族の役割とは？

浅見　では榎本さんは、法を守る大人になるために家族は大きな役割を果たしていると思いますか？　情の形成が大事だとすれば、一番身近にいて多くの時間を一緒にいるのは家族である場合が多いですよね。

榎本　家族が一番の制止・抑止力になるでしょう。もちろん家族以外に協力者も必要ですが。自分の子どもだと障害のあるなしにかかわらず感情的になってしまうこともありますから。

でもとにかく誰か信用できる大人を作らなきゃいけない

全然信用していない人が「盗みはしちゃいけない」と言っても聞かないでしょう。誰か信用している人から言われたら法律は守りますよ。

> **!** 家族が一番の抑止力である。

他人の気持ちになってみるちょっとした修行

榎本　特別支援教育、発達支援とご縁ができてからというもの、人間とは何か？　知性とは？　知能とは？　人間の幸せって何？　などと深く考えるようになりました。

私は警視庁で知能犯捜査を生業として以来、人情の機微というものを観察するようになりました。警察では、職質、聞き込み、取り調べ、人質立てこもり事件の説得交渉などを学び、辞職して教育業界で講師をするようになってからも、「人の間」の専門家のようなつもりでおりました。

ところが、いわゆる自閉症、知的障害を伴うお子さん方と出会ってからは、私が学んできた説得交渉なんて、全く役に立ちませんでした。元刑事の面目丸潰れ、自信喪失です。

浅見　どこが通じませんでしたか？

榎本　何と言っても、二者間の会話がほとんど成立しないのですから。

浅見　ああ、たしかに。

榎本　でも、数ヶ月経って、私はあることに気づきました。

彼らは聴いているし、感じている。

浅見　そうですよ。
榎本　反応に対する時間のスパンが瞬時なのか、数日、数ヶ月かの違いなんですね。
浅見　ああ、そうとも言えるかもしれません。
榎本　そこで、権威（鬼手）ではなく、好意（仏心）で接した方がいい、と気づいたんです。
　特別支援、発達支援の経験から、視覚・聴覚よりも、触覚・嗅覚・味覚で交流した方が信頼関係が醸成しやすいと思いました。宿泊授業や夏のプール、運動会にもそういう意味があるのではないかと。
浅見　ああ、なるほど。
榎本　私が発達支援において、小学校の特別支援学級からキャリアをスタートできたのは、ある意味、ラッキーでした。最初に知的障害、発達障害の小学生やそのお母さん方と交流できたから親近感が湧きました。これがいきなり、身寄りのないご高齢の知的障害、発達障害の支援だと、なかなか親近感を持ちづらかったかもしれません。実は警察の仕事で対応するのは、青年期、高齢期の障害者の方が圧倒的に多いのです。
浅見　なるほど、そういう違いがありますね。
榎本　今は、子どもを見るとその面影のあるお母さんの顔が、文字通り守護霊のようにダブって見えます。

浅見　「つながり」が思い浮かぶのですね。その子を大事にしている人の存在が実感できる。

榎本　そして、街で成人の障害のある方の顔を見ても、ある程度、子ども時代の顔を想像できるようになりました。

浅見　そうなのですか？　そういう意見は初めて聞きました。同じような体験をしている方もいるのかもしれませんが。

榎本　それから、私がある人の顔を見たときに、その方の年齢や性別を変えて見られるようになってから、「誰か」を「誰か」に置き換えるという想像が容易になりました。

これは、たぶん私の中に子どもの顔のパターンと大人の顔のパターンがある程度、ストックできてきて「あ、この大人の顔とあの子どもの顔は少し傾向が似ているな」という風に見られるようになったということなのかもしれません。

これができると、自分が何か犯罪をやってしまいそうになったとき、自分が犯人として、相手（犯行対象、被害者）が自分の家族のように思えたり、その人にも、息子、娘、兄弟、姉妹、お父さん、お母さんなど、家族がいることが想像できるようになるのでは？　と考えるようになりました。

例えばコンビニで出会った店員さんが中年の女性だった場合、その人にもし小学生の息子さんがいたら⁇　と、そのお顔からお子さんらしい像が見えるようになりました。

顔を見る訓練は警察で積んできたこともあるかもしれませんが。

浅見　面白い！

榎本　そして目の前のお子さんが大人になったら……とその姿を想像するようになり、教えるべきことは教えておいてあげないとと思うようになりました。皆さん同じような道をたどるのでしょうけれど。

浅見　いや、そんなことはないと思います。大人になったときの姿を想像しないで支援している支援者も中にはいるかもしれません。

でもそういえば「親の顔が見てみたい」なんていう常套句もありますし、「この人に家族がいたらどういう人」「この人が男性になったらどういう人」「この人の子どものときは」という想像をしてみるのも想像力のトレーニングになりますね。当たっているか当たっていないかより、まずやってみると「身を置き換えてみる」トレーニングの切り口になるかもしれません。

榎本　実を言うと、警察にいたころ、私自身が類似の体験をして以降、他人の痛みを自分の痛みのように想像するようになりました。

実は私刑事をしていたとき、事件捜査に打ち込みすぎて自分の家庭を燃やしてしまいました。

浅見　そうだったのですか。

榎本　離婚訴訟で弁護士さんを頼もうと相談しに行ったのですが、全く相手にされず、受任してもらえませんでした。仕方なく自分で民事裁判をやっていったのです。刑事事件での証拠積みあげの作業に比べ、民事裁判は簡単に感じました。

浅見　刑事事件で、捜査のために人を一人拘束したり、人の家に権力が捜査に入ることはとても重大なことですから、個人の自由が尊重されている法治国家の中では、それなりのデュープロセスが必要ですものね。私も自分の事件のとき、積みあげた証拠の山を送検の前に榎本さんに見せていただき「税金かけてもらったなあ。だからこそこの体験を無駄にしてはいけない」と思ったのを思い出します。

それに比べると民事裁判は榎本さんにとって簡単だったのでしょうね。

榎本　はい。この体験から一気に「あなたも私」、「被疑者もクライアント」へと飛躍しました。何かに困って警察に来られる方に真摯に対応しよう、と強く思うようになったのも、門前払いを食らわせず事件になるものは事件にして捜査しようという姿勢も、恥ずかしながら、自分が弁護士さんに相手にしてもらえなかった惨めな体験をしたからです。

浅見　そこに告訴状を持って出かけていったのが私だったのですね。そして、被害感情をくみとってもらい事件化してもらえたのですね。警察にさえ門前払いされる体験談も多い中、考えてみれば、強運でした。だからこそ、自分の体験は他の人にも役立ててほしいと思って活動してきたんです。

榎本　そしてだからこそ、支援機関等で門前払いされた経験のある方には、あきらめずにセカンドオピニオンを粘り強く探すことをお勧めしたいです。

浅見　門前払いは、とても多いのです。発達障害者支援法の理念は、発達障害者支援の機関でも順守されていないのではないかと思わざるをえないこともあります。しょせんお役所仕事なんだろうか、と。

榎本　警察も役所ではありますが、過去の同僚でも、自分の家族が犯罪被害に遭って、その後、刑事部にいる人もいます。一見、強面の彼がその目の端に涙を溜めながら話したエピソードと、なぜ自分が此処にいるのか、という存在理由は、今でも忘れられません……。

浅見　私は自分が被害を法に訴えた結果として、加害者から「犯罪だと知らなかった。わかったからもうやらない」と言われて満足していました。でも自分の体験を世に広めた結果、加害者と同じ自閉圏の人たちが「自閉症者でも他人の痛みはきちんと知るべきである」と言ってくれました。その人たちと会話していて気づいたのは「他人の痛み」を知る手がかりは「自分が痛みを経験すること」なんですよね。そして「自分の痛み」に関するならば、自閉圏の人たちだって感じているはずなんです。

「自分の痛みをきちんと感じること」が「他人の痛みを知ること」の出発点になるかもしれませんね。

「自分の痛み」をきちんと感じることが、「他人の痛みを知ること」の原点である。

鬼手仏心を使い分ける

浅見　鬼手仏心の遵法教育の土台は、信頼関係。そこまではわかりました。では、私たちは子どもだったとき、大人とどうやって信頼関係を築いてきたのでしょうか？それを思い出すのが近道でしょうか？

榎本　私は、視覚・聴覚よりも、触覚・嗅覚・味覚で交流した方が信頼関係が醸成できると考えています。

浅見　ああ、それはわかりやすい目安です。私としては、「一緒に固有受容覚を使うこと」も付け加えたいですね。

子どもたちとは「視覚・聴覚」よりも「触覚・嗅覚・味覚」で交流した方が信頼関係が醸成しやすい。

浅見　榎本さんはどのように鬼手と仏心を使い分けるのですか？

榎本　生命・身体・財産を危機にさらそうとしている行為が起こりそうになったら、あるいは起こったら、生命・身体・財産を守るためには鬼手を出す。でも普段は仏心で接します。

浅見　なるほど。

花風社は、「なんとか自閉圏の人に社会に出てほしい」といういわば「赤心」を出発点に、身体アプローチを追求してきました。そして、どんどん一次障害がラクになる人が増えた。それはどうしてかというと、発達の多くは言語以前の領域で起きていて、そこが土台になって人間らしい発達が起きているからでした、進化の過程をたどると、発達のヌケが埋められるようなのです（参考文献：『人間脳の根っこを育てる――進化の過程をたどる発達の近道』）。

そして「発達は言葉以前の領域が土台になって起きている」と理解した今だからこそ、「鬼手仏心の遵法教育」がすっと理解できます。理ではなく、というか、理だけではなく、情でも育む遵法精神ですね。情っていうのは「言葉以前」から始まるものですものね。

榎本　そうです。遵法教育も、その土台となるのは非言語領域だとはっきり言っていいと思います。理ではなく情こそが遵法精神を支えているのだと。

浅見　なるほど。

榎本　内山雅人さん（http://manakomi.jp）の「コンシャスフィア」（意識の階層）という考え方が参考になります。

中枢神経と脳の構造

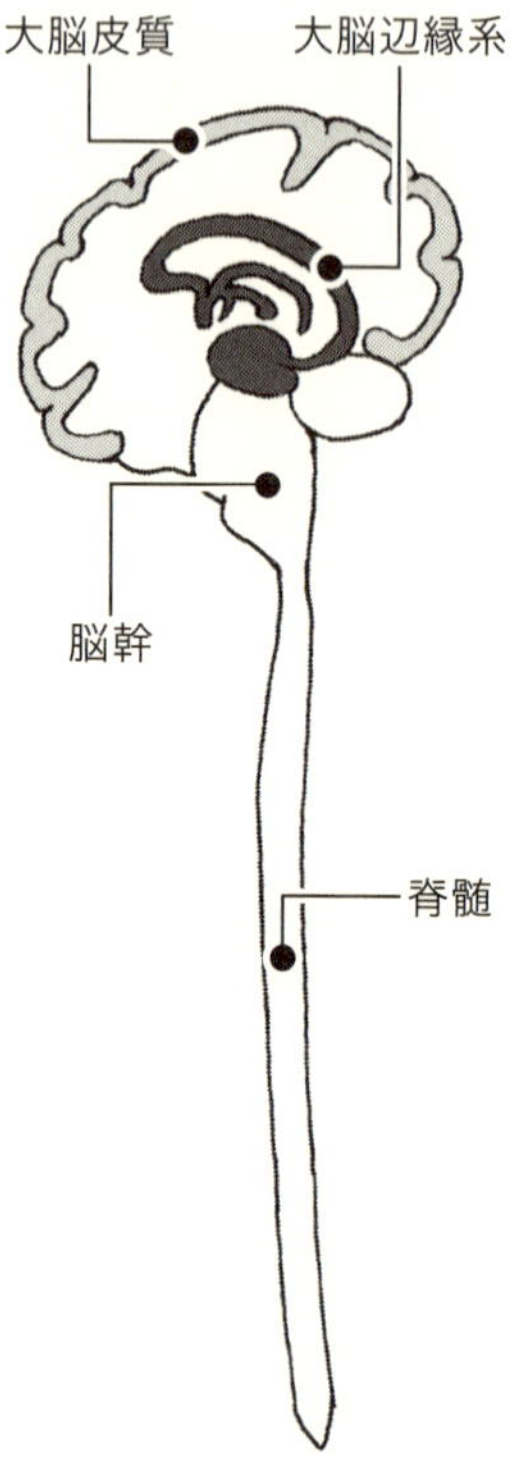

＊『人間脳の根っこを育てる』
栗本啓司＝著より

コンシャスフィアのモデルでは、意識の階層を四つに分けています。そして、大きく分けると二つの階層からなるようです。

目に見える領域として、WHAT（内容）とHOW（方法）があります。

目に見えない領域として、WHY（意義）とWHO（存在）があります。

今回、浅見さんから遵法教育のお話を、とご相談されたときに、私の中では、自分の刑事としての経験（遵法教育）と、ダンサーとしての経験（非言語領域）が、第三者から見るとあまりにもチグハグで一貫性がなく、なぜ刑事とダンスなのか、自分でも上手く説明できないでいました。

ところが、この図を見たときに、私の中ではスパーンと突き抜けたものを感じたのです。

目に見える領域、WHAT（内容）、HOW（方法）とは、つまり、言語、理、DOING（行動）で、これを「鬼手」とは考えられないだろうか、と。

そして、目に見えない領域、WHY（意義）、WHO（存在）とは、つまり、非言語、情、BEING（在り方）で、これが「仏心」ではないだろうか、と。

このように考えてみると、情と理、非言語と言語、身体と頭、本能と社会性、脳幹と大脳新皮質、神話と法律、原始的な世界の性へのおおらかさと現代社会での性差別、エロスとタナトス、仏心と鬼手、混沌と秩序など、自分の中では説明がつくようになりました。

コンシャスフィアの概念を知って、言葉以前のアプローチと刑事の経験を踏まえた遵法教育の統合が自分の中で可能になったのです。

表にしてみます（下図）。

浅見　なるほど。考えてみたら親子喧嘩でも夫婦喧嘩でも、理で喧嘩していたらずっと終わらないですね。結果的には多くの場合治まるんだけど、理ではなく情で治まる方が圧倒的に多い。

でも今の療育は圧倒的にWHATとHOWですね。

それで対応しきれていない領域があるということでしょう。

榎本　読者の皆さまには奇妙に思わ

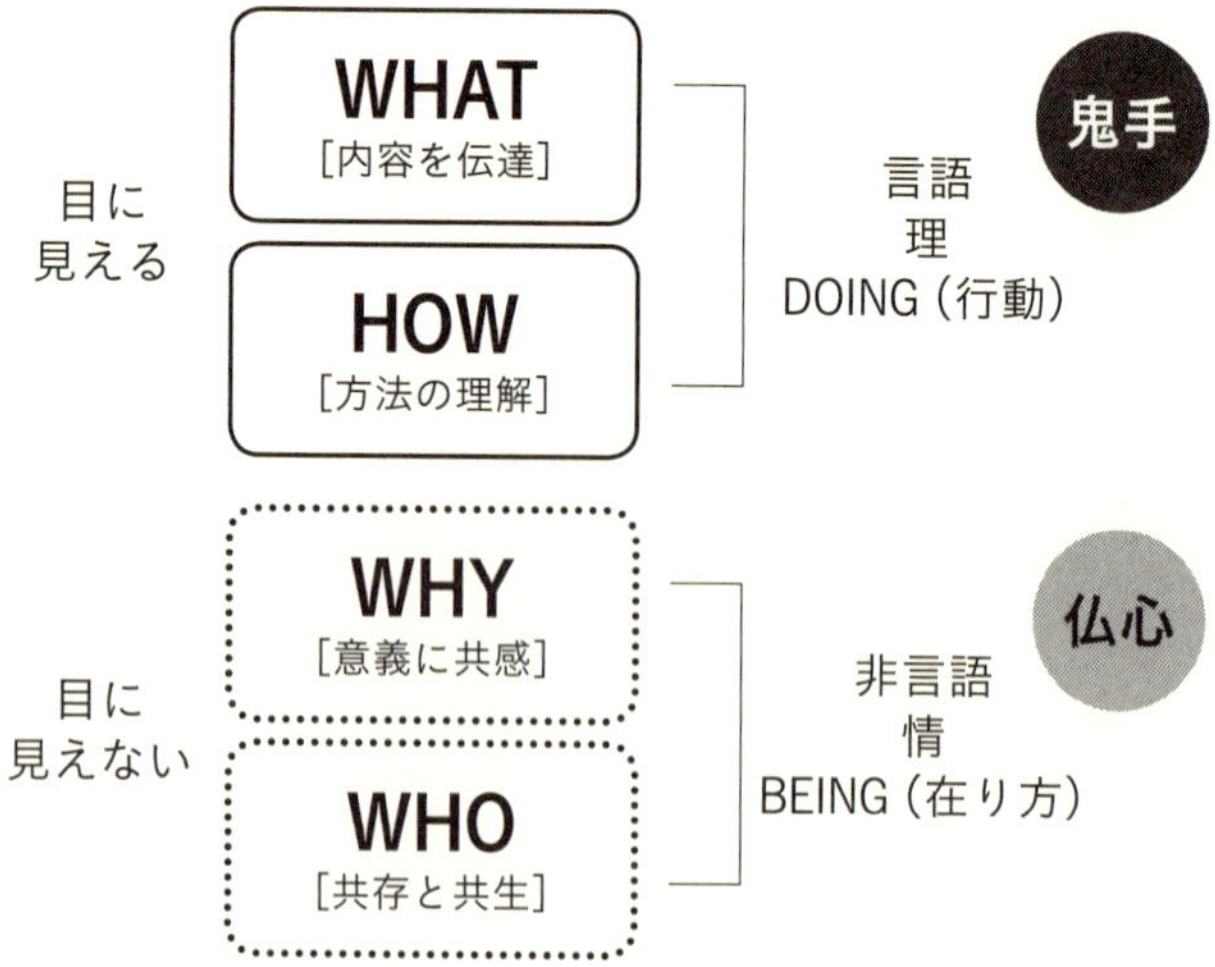

人質立てこもり事件の説得交渉モデル（興奮の鎮静化→感情の共有→信頼関係の醸成→影響力の行使→行動の変化）とも関連性が見られる。

れるかもしれませんが、私の中では「鬼手仏心」は、不動明王のイメージなんです。一般に不動明王の姿は、背中に炎を背負い、髪が逆立ち、忿怒の表情で、法に従わない者に対しては、右手の剣と左手の投げ縄で、有形力を行使します。でも、実は表情穏やかな大日如来の化身であるとも言われています。

真剣に自傷・他害を封じ、誰かを諭したときは、後から振り返ると、まるで自分の背中から不動明王のような二本の腕が生えて来て、相手の心臓を鷲掴みにするようなイメージだったりします。これはどういうことかと言うと、つまり、ただ相手を説得してやろう、心理操作してやろうというのではなく、相手の心の中に柔らかく入って行く、そんなイメージです。

私は警察を辞めてから、広告制作のマネジメントをしたり、特別支援教育に携わったりしてきましたが、どの現場も鬼手仏心で手掛けています。それは、刑事の事件捜査、職質、取り調べ、交渉で学びました。それがマネジメントや発達支援にも活かされていると思います。

身体と遵法教育のつながり

榎本　元々私は、小学校のころから東洋体育に興味があったので、小学生のときから、気功や漢方、野口整体などについて書かれた本、脳の進化に関する本などを読んでいました。

浅見　そうなのですか？　それはまた、特殊な興味関心を持った小学生ですね。

私が原告として麻布署の榎本刑事にお世話になっていたときには、花風社がその後東洋的なアプローチを手掛ける著者の本を出すとは夢にも思っていませんでした。あの事件以降、「発達障害は治るのだろうか？」と強く関心を持つようになり、そして東洋的な手法にも可能性を見出すようになったのです。

まさかその後もこういう風にご縁がつながっていくとは。


榎本　もともと東洋体育やダンスを学んできた私は、知能犯刑事、そして発達支援の経験を経て、今にしてようやく気づくことができました。

身体・非言語・情（仏心）の領域にアプローチするからこそ、刑事・遵法教育・理（鬼手）が初めて効果を持つ、ということに。

これが今の私が考える遵法教育の基幹です。


情があるから、理が効く。

なぜ仏心が必要なのか？

榎本　「日本警察の父」と呼ばれる川路利良という人がいました。今でも警視庁警察官は敬意をこめて「川路大警視」と呼んでいて、その言葉をまとめた『警察手眼』の中からその教えを読み取っています。

その中にこのようなことが書いてあります。わかりやすく意訳してメモにしてみます。

『警察手眼』より

軍は、外部を護る甲兵（鎧と武器）である。

警察は、内部を補う薬餌（薬と食べ物）である。

どんなに優れた武器があっても、気力、体力が弱っていると、外患に斃れる。

国家は無形の一人であり、不逞の輩、凶悪犯人はその病患である。

警察権は、その健全を養うための治療であり、法官（裁判官）は医師、法律は薬種である。

警察の防犯が及ばなかったときは、犯人を捕らえ、法官に引き渡す。

裁判とは、適切な薬で病患を治療することである。

軽い病気、つまり微罪に対する処分は、警察が応急処置をするようなものである。

病気を治すには、理を以ってするより他ない。

そして、健康を保つには、大変な用心が必要である。

例えば、酒を温めるには、その酒よりも熱いお湯でなければならない。

だいたい、物事はその優れたところでなすべきである。

だから人を警める者は、まず自らを非常に警めてから、人にその力を及ぼすべきである。


探索（捜査）心得。

捜査が困難なときは、声無きに聞き、形無きに見るかのように、無声無形であっても、聞こえない声や見えない姿に感覚を研ぎ澄ますべきである。

明治維新後、小さな国だった日本を外患から守るには、国内の治安維持が絶対に必要でした。だから警察権を行使することは「治療」だった。浅見さんが「発達障害が治るものになってほしい」とこだわっていらっしゃるのと通じるところがあるかもしれません。

浅見　「治そう」という叱られることも多いのですが、「発達障害の人たちに自由に生きてもらいたい」という気持ちがベースにあるんですよね。そのためには治った方が便利でしょう。

そして同じ理由で遵法教育の必要性もずっと訴えてきました。

大人になったらおまわりさんにつかまりそうな「自傷・他害・フラッシュバック」に手つかずでいることが本人にとっても彼らと共存する社会にとってもいけないことのはずなのに、なぜ多くの支援者たちがそれをないものとして扱い、そこに着手しようとしないのかを疑問に思ってきました。でも「遵法教育」という概念自体が、福祉のプロパーな人たちからは非難を受けました。なぜ共存のための遵法教育に反対されるのかわかりませんでしたが、「WHAT と HOW」の療育こそが療育らしい療育とされている中で、支援者が一般に持つ「遵法教育」が「鬼手」に限られていたのかもしれない、と思います。そしてそれは、障害のある人に対し残酷なことに思われたのかもしれません。

でも「鬼手」だけでは足りない。土台となる「仏心」こそが必要だ、と言われるととても納得できます。

鬼手は必要。でもその土台になるのは仏心である。

エネルギー戦争

榎本　鬼手仏心とは、情を八割尽くした後に、二割の理を行使するということです。法律に則って、厳しく最善の処分をするということです。強制力の行使、理の意味が情より軽いという訳ではありません。

浅見　なるほど。そして榎本さんによると、警察の現場でも情を大事にしているところがあるらしいことがわかってきました。ではなぜ、仏心が必要なのでしょうか？　そのあたりを説明していただけませんか？

榎本　人と人はつねにエネルギー戦争をしているからです。これは浅見さんの事件を扱っていたときにアスペルガーの関連書『一緒にいてもひとり』を読んで気づいたことです。

浅見　エネルギー戦争？

榎本　はい。人はみなイライラしたり、キレたり、恨みつらみを持ったりしますよね。何か嫌なことを見聞きしたり体験したりすると、エネルギーが減っていきますね。

浅見　そうですね。

榎本　人は誰しも感情的なエネルギー、生きる気力や活力のようなものを持っていると思います。

携帯電話のバッテリー残量をイメージして見てください。例えば、感覚過敏の人は感情エネルギーの電池が減りやすく、ちょっと外出しただけで、すぐに残量が二〇パーセントくらいに減ってしまうかもしれません。ストレスレベルが高いとすぐにエネルギーが枯渇するので、生きる気力、活力を充電しなければなりません。その際に、人は自分自身でエネルギーを充電したり、なるべくエネルギーを減らさないように省エネモードに設定したり、自己治療することになります。

一般に、自分自身でできるエネルギー補充には、美味しいものを食べる、睡眠、休息をとる、好きな音楽を聴く、森を歩く、動物と触れ合う、水泳、興味を持っているものをマスターする、ゲームをして達成感を得る、読書、絵を描く、映画を見る、友人と遊ぶ、大切な家族と過ごす、など良質のものがあります。ところが、一番手っ取り早いエネルギー補充は、近くにいる人からエネルギーを奪うことだったりします。たとえば、愚痴を言ったり。あるいは、傍観者に徹したり。「誰かをずるがる」というのもその一つですね。

浅見　あああ、私は発達障害の世界の愚痴と傍観に腹が立っていたのですが、あれは「エネルギー補給」だったんだ。納得がいきます。

榎本　犠牲者のつもりになると愚痴を言い、傍観者は無関心を装います。糾弾に走って尋問者になる人もいれば、暴力を振う脅迫者になる人もいる。

犠牲者のように愚痴を言う人は気分がスッキリするかもしれませんが、いつも愚痴を聞かされるとエネルギーを吸い取られてグッタリします。

傍観者のように何事にも曖昧な態度で無関心な人は、こちらがあれこれ考えて質問や行動をしなければならないので、相手にすると疲れてしまいますね。

尋問者のようにいつも誰かを批判、攻撃して他人からエネルギーを奪う人、葛藤のエネルギーで戦い続ける人は、現代ではとても多いと思います。

脅迫者とは、いわゆる犯罪者です。パワハラ、セクハラや暴力、脅迫など、人の生命、身体、財産に対する侵害行為で、被害者や周囲のあらゆる人からエネルギーを奪います。

古今東西の紛争は、国家間、民族間などの大規模、長期間にわたるものから、職場や学校、家庭などの比較的小さなものまで、誰かが誰かを心理的に支配しようとするエネルギーの奪い合い、すべてエネルギー闘争だと私は理解しています。

浅見　なるほど。愚痴も傍観も、自己治療だったんですね。それだけ疲れている人が、この世界には多いということですね。そう考えると、「なぜもっとできることがあるのにやらないんだ」という私が感じてきたいらだちも少し治まるかもしれません。

【コントロールドラマ（エネルギー戦争）】

- 「犠牲者」役を演ずる人→愚痴
- 「傍観者」役を演ずる人→無関心
- 「尋問者」役を演ずる人→糾弾
- 「脅迫者」役を演ずる人→暴力

榎本　犠牲者、傍観者、尋問者には、愛情（仏心）を持って接することが大切です。
ところが、脅迫者（犯罪者）に対してだけは、切迫した危険があるため、経験のある人でないと、なかなか対処ができません。
職業的に必要がある人以外は、まずは現場からの離脱をおすすめします。すぐに110番したり、警察などの専門家に任せた方がいい。

浅見　そして手に負えない状態になった発達障害の成人は、支援者からすら離脱されてしまっているんです。誰もまともに相手にしない。だから警察が最後の砦なんですよね。少なくとも私の場合には、だから警察を頼らざるを得ませんでした。
私は支援者を名乗りながら本当に難しい発達障害の人をまともに相手にしない人たちを卑怯だと思っていたのですが、彼らのエネルギーにも限界があるということかもしれませんね。ならば、支援者にエネルギーを持ってもらいたいです。

榎本　しかもそのエネルギーを相手から奪うのではなく、相手の自尊心や名誉感情も傷つけず、そして自分もエネルギーを奪われないように気をつけて、相手に愛情のエネルギーを少し送ってあげるアプローチが仏心です。
これは、自傷・他害に対して、相手を傷つけず、自分も傷つけられず、エネルギーを少しだけ与える、花を持たせてあげる、と言うのと基本的に同じです。

浅見　なるほど。ならば私はこれからも「理解はするけど共感すべきではないところでは共感しない、そして粘り強く説明し続ける」というスタンスを取ろうと思います。個人的な意見かもしれませんが、傍観だけはしたくないんですね。

榎本　ちなみに、セラピーに一番遠いのは尋問することです。

浅見　「なんでこんなことするの！」とかね。あれ、本当はなんでするのかきいているわけじゃないんですよね。「やらないで！」って言っているんですよね。

榎本　尋問はセラピーの真逆にありますので、最も簡単なセラピーはその逆をすることだと思います。

浅見　なるほど。そうだなあ。まずは尋問をやめるといいですね。

榎本　エネルギーが枯渇している人がエネルギーレベルを取り戻したくて他人からエネルギーを奪う。その悪循環が会社・学校・家庭をつなげてしまっています。

職場の所属長が、脅迫者を演じて部下をパワハラで追い込んだとします。エネルギーを奪われた部下は、尋問者を演じて、そのまた部下からエネルギーを奪うかもしれない。

そして末端の部下が職場でエネルギー補充ができなければ、家に帰って傍観者を演じて、奥さんからエネルギーを奪う。

エネルギーを奪われた奥さんは、家庭で犠牲者を演じて、愚痴を言い続け、子どもからエネルギーを奪う。エネルギーを奪われた子どもは学校に行って、自分よりも弱い立場の子どもをいじめて、エネルギーを奪うかもしれない。

あるいは、その子どもが優しすぎて誰からもエネルギーを奪えなければ、抑うつ状態になってしまい、エネルギー確保のために省エネモードに設定を変えて、不登校、引きこもりになってしまうかもしれない。

もし、エネルギー補充よりもエネルギーの消費が早ければ、限りなく0％になって、それが自殺を引き起こすかもしれない。

このように、エネルギー戦争は権力闘争であり、このようなエネルギーの奪い合いは、時代と場所を越えて連鎖している、というのが私の印象です。

教育の場でもそうです。支援者がエネルギー不足で、尋問者的にふるまうと子どもはエネルギーを奪われるわけですから、足りなくなったエネルギーをどこかから奪おうとします。それが自傷・他害などの自己治療であり、自己治療ができない子どもたちは、むしろ自滅を選ぶのです。お子さんの中には苦しくなると、額を触ってくれと出してくる子もいます。わかっている子もいるんですよ。

浅見　「八つ当たりされているなあ」と感じることは誰しもありますね。それはどこかで誰かが断ち切らないといけない。

どうやって断ち切るか、それこそそれぞれの資質によるのかもしれない。

今のところ発達障害者支援では「ありのままでいいんだよ」と本人たちに言って周囲がぐっと我慢しているんですけれど、それは発展途上なのかもしれない。あくまで、過渡期なのかもしれません。

どのようにひとりひとりの恨みつらみを解消していくか、個人としても社会全体の問題としても考えていきたいものです。

私がとりあえず今出会っているのは「一日のストレスはその日のうちに解消する」という身体アプローチです。

そして今現在支援と称されている「社会に発達障害を理解してもらおう」という啓発活動が、本当にひとりひとりの恨みつらみを解消するものなのか、検討し直してほしいと思っています。

！ ひとりひとりの恨みつらみを解消していくことがこれからの発達障害支援かもしれない。

第八章
教育について　人は自由を好む生き物である

矯正を優先事項としない理由

榎本　私は愛媛県松山市の出身で、松山北高校というところを卒業しました。初代校長は秋山好古先生です。「日本騎兵の父」と言われ、日露戦争の勝利に大きく貢献した陸軍の軍人で、司馬遼太郎著『坂の上の雲』の主人公の一人です。

浅見　『坂の上の雲』は愛読書の一つですので、よく存じ上げています。

榎本　秋山先生は六十四歳で退官し、爵位を固辞して故郷の松山で北豫中学（現松山北高校）の校長先生になりました。当時の秋山先生は予備役とはいえ、陸軍大将の軍籍がありました。そこでこれを機に、学校では軍事教練の時間を増やそうとしたそうです。けれども秋山校長は「学生は兵隊じゃないよ」と反対して、むしろ軍事教練の時間を減らして、その分勉強させたそうです。

この逸話には、元警察官の私も深く共感しました。

私は、はからずも数年前から教育現場で同じようなことを言っていました。学生は軍人ではないし、もちろん警察官でもないのだから、必要以上に規律や態度を厳しくすることは避けました。そもそも警察で規律や訓練が厳しいのは、ちゃんとした理由があります。部隊行動（教練）が即、人の生死に関わるからです。

学校では姿勢よくしなさい、と姿勢も矯正されます。けれども取り調べのとき、被疑者に一定の姿勢または動作をとるように不当に要求することは、実は許されていないんです。

浅見　なぜですか？

榎本　姿勢の矯正は内心に影響するからだと思います。取調官に姿勢の矯正をされたから、被疑者が心理的な強制力を感じて自白したとなると、供述の任意性が疑われます。

浅見　ああ、なるほど。たしかにそうですね。

榎本　人はギリギリまで自由にしていたい生き物だと思います。だから教育現場でも、目が行き届かなくなりそうなときは別ですが、犯罪行為でなければ、なるべく自由にさせてあげたいんですよね。たとえ、生命・身体・財産に危害が及びそうなときには有形力を行使したとしても。

浅見　わかります。教育ってその本質的に自由を制限しないと成り立たないところがありますよね。どうも発達障害の人って、その制限をむしろまじめに受け取っているような気がします。定型発達とか健常者とか呼ばれる人たちは、学校が建前で説く「いい子教育」に実は面従腹背して結構好きなように育つと思うんです。というか私はそうでした。ところが発達障害の人ほど、学校が説く「いい子」にとらわれてそうなれない自分に劣等感を感じてしまう。そういう意味で私は神田橋先生のおっしゃる「優れた変人を目指せばよい」を支持するものなんです。

けれども、「いい子でなければ社会でやっていけない」という学校教育の流れで特別支援教育が行われ、発達障害の子は社会性に問題があるということでSST（ソーシャルスキルトレーニング）が「やっておけばいいだろう」とその内容の是非も問うことなくいわばアリバイ的に行われているように見える。でもその内容に皆さん、本当に自信があるんでしょうか？　本当に子どもたちが将来役に立ててくれるものになっていると考えているのでしょうか？　色々なSSTがあるから一概に「SSTは無駄だ」というつもりもないし、基本的な礼儀等が自然に身につかない環境に育つ人もいるから必要としている人がいるのもわかりますが、座学で教えているSSTの教科書などをみると、「世の中は怖い人でいっぱいだから、叩かれないように暮らしなさい」の方向に走りがちで、「こんなこと教えられたら余計世の中が怖くなるんじゃないのかな」なんて感じることがあるんです。奴隷道徳なんですよね、教えている内容が。それを信じてしまうと、もっと世の中でのびのびと暮らせば持っている資質が開花して幸せに暮らせる人たちが委縮してしまうのではないかと思うのです。でも、社会で生きていく以上は最低限のルールを守らなくてはいけない。そのために「何をすればおまわりさんにつかまるか」だけは抑えておきたいなと思ったのです。

榎本　司法は強制捜査という「鬼手」を持っていて、医療、教育、福祉にはそれがないからかもしれませんけど。

浅見　一方でこれまで見てきたように、司法の鬼手にもかなり制限がかけられ、たとえ罪を犯して制裁を受けるにせよできるだけ侵襲的ではないやり方が法律で保障されていますよね。

榎本　先生たちが教室の「混沌」に「恐怖」を感じるのは、学級崩壊を恐れているからだと思います。無秩序、コントロール不能になることへの恐怖を感じるようですね。心理的に生存への不安を感じるのでしょう。一度でも、生徒に恐怖を感じたことがあると、それがフラッシュバックすることもあるかもしれません。

教室では通常、先生よりも生徒の方が人数は多いですから、もしも生徒が暴徒化するようなことがあれば、先生は物理的に敵いません。

先日、小学校の宿泊授業で一頭の牧羊犬がどのようにたくさんの羊を追い込むかを見てきました。羊は臆病だから、牧羊犬に睨まれると抵抗することなく追い込まれるそうです。

だから私も含めて、おそらく多くの先生は、自分の知識のなさや、経験のなさを見透かされて、生徒から革命を起こされないように、無意識のうちに、「権威」という鎧をまとうのではないでしょうか。

でも、人間は牧羊犬でもないし、羊でもありませんよね。お互いの「好意」、信頼関係で繋がることができるはずです。

私自身が講師を務めるときの体験から申し上げますと、ワイワイガヤガヤと熱気で溢れるような「混沌」とした場には、実は創造的なエネルギーが渦巻いています。

ところが、ご自身のグラウンディング（土台作り）がしっかりしていない場合には、自分自身が自由な時間、フローな没頭体験を満喫していないので、ワイワイガヤガヤとした賑やかさが、実は創造的な時間だとわからず、危険か安全かのジャッジが難しくなります。ちょっとしたことで、すぐに危険だと判断してしまいます。

騒がしい時間は、ただ教室を支配できていない、統制が取れていない、ただの無秩序状態、無政府状態だと思ってしまいます。多数の群衆（生徒）に対して、たった一人の統治者（先生）として、心理的に「暴動」、「革命」への恐怖を感じて、フラッシュバックが起こることもあるかもしれません。

「混沌」と「無秩序」は一見、同じようですが、「混沌」の中にも実はルールがちゃんとあるので、ただのワイワイガヤガヤは別に「無秩序」状態ではないのです。その見極めが難しいんだと思います。

グラウンディング（土台作り）は、生徒に対してもご自分に対しても、緊急時の介入、つまり生命・身体・財産の保護にも影響を及ぼします。自分の身体で充分なグラウンディング（土台作り）ができていないと、緊急事態に身体の操作が効かない、動かない状態で、とっさのときの自分の逃げ場（目付と間合い）や万一、暴動になったときの対処・制圧方法がイメージできないのではないかと思います。そうすると、生徒さんや先生ご自身の生命・身体・財産の保護が難しくなるでしょう。

グラウンディングとは、社会の営みの中で自分自身をしっかりと位置づけることです。生存の基盤とも言っても良いかもしれません。例えば、自分自身が自由を満喫してないとか、楽しんでいない、フロー（没頭した状態）に入るような創造的活動をしていないときは、グラウンディングがグラついているときかもしれません。一見、無駄に見えるような「遊び」をちゃんと体験しきっていることが、グラウンディング（土台作り）に繋がると思います。

教室を「放任」するのもよくありませんが、「支配」してもせっかくの創造的なエネルギーを活かせません。私自身は、「賢者」を演じるよりも、なるべく「道化」を演じるようにしています。権威の鎧を着て、バカになれない、バカの振りすらできないよりも、権威の鎧を脱いで、バカを演じられる方が理想的だと思っています。権威ではなく、好意で接して、信頼関係で繋がるような人間関係を作れると、「放任」でもなく、「支配」でもない教室のファシリテーション、教室運営が可能になるのではないでしょうか。

また、これは私のように、かつて犯罪者を取り締まるような立場にいた者だからこそ思うことなのですが、究極的には、どんなに先生が強くても、たとえ警察でも、犯罪者でも、家を突き止められて、寝込みを襲われたり、自分の家族を狙われたら、絶対に敵いません。そう言う意味でも、権威をもって強制する、支配すると言うのは、自傷・他害などエネルギー戦争の連鎖反応を生むおそれがありますから、「鬼手」として充分に警めてください。

私は、学校では、主体性を剥奪した奴隷道徳ではなく、たとえ「ほどほど」の枠の中であっても、思う存分、自由を満喫して欲しいと願っています。

これは学校の先生には許されないのかもしれませんが、私は生命・身体・財産への危害（自傷・他害などの実害が中心）以外ほぼ大目に見て、イライラしないことにしていますので、発達凸凹のある子たちとのかかわりの中で、ゆったり構えていられます。

また、指示を聞かせる、指示どおりに行動を促すことよりも、身体的・非言語アプローチで信頼関係（情）の醸成にフォーカスしています。

支配や強制でもなく、かと言って放任でもなく、仏心で接して、待って、本当の個性とか隠れた能力を発揮してもらって育ってもらいたいと思っています。

浅見　「そんなの現実的ではない」「無理」という反論もたくさんあると思うのですが、とにかく

・自分と他人の「生命・身体・財産」プラス「名誉」を毀損しない

という「おまわりさんにつかまってしまうこと」を最低限避けるようにして、あと、あまり「いわゆるいい子像」を押し付けない、という教育は少なくとも、受ける方としてはありがたいし、凸凹の特性がある人には必要だと思います。自由に活動していいし、しかもいけないことはいけないと教えてもらえるような環境が必要です。親御さんにしろ先生にしろその他支援者の方にしろ、頭の片隅にそういうやり方もある、と置いておいていただけるといいかもしれません。それこそが、発達凸凹の子が個性を伸ばす教育、しかも社会と余計な軋轢を生まないで暮らせる人になるための教育かもしれません。

少なくとも、そう心がけてもらえば、周囲の大人から自分にはかなわない理想像を押し付けられて苦しむ人は今より減りそうです。これをやられた人は、障害のあるなしにかかわら

ず、大人になっても苦しみ続けていますからね。私は勝手な理想像を押し付けられて年をとっても親や教師を恨んでいる人を見ると、自分が幸せな育てられ方をしたことに気づきます。そして今も多くの人が周囲の勝手な理想像と自分の実像のギャップに苦しみせっかく自分が持っているいいところを伸ばせないのが切ないと思うのです。

「ほどほど」の枠の中の自由を大事にしてみる。それこそが資質の開花につながるかもしれない。

第九章
ダメな自分を愛せるか

ダメな自分の発見

浅見　さて、この本も終わりに近づきました。「真剣に共存を考える」ために榎本さんの持っている貴重な情報をいただいたと思います。そして最後におききします。警察のお仕事に真剣に取り組まれ実績も上げていた榎本さんがなぜ警察を辞めることになったのでしょう。

榎本　麻布署で捜査に没頭し、いろんな事件に携わってきましたが、家庭が燃えてしまい、離婚したことはお話ししましたね。その後、警部補に昇任して、転勤した最初の当番に麻薬密売人を職質検挙したのですが、実績とは裏腹に刑事の道を外されました。

知能犯捜査、刑事の仕事にやりがいと誇りを感じていたので、まずはその事実を受け入れるのが難しいことでした。

そして警察の仕事を通じて、ダークサイドもたくさん見ました。犯罪者とのやりとりだけではなく、組織の権力闘争も見てきました。仕事に没頭してはいましたが、ダークなエネルギー、葛藤のエネルギーで戦い続けていたようなものです。家庭も崩壊し、守るものもなくなったので、自分の実力が発揮できる刑事を続けられないのであれば、警察に居続けることに固執する気持ちになれませんでした。

刑事の仕事で私を突き動かしていた黒い炎に自分自身が焼け尽くされずに済んだのは、その後教育現場で、小学生から高校生までと共に同じ時間・空間を過ごし、鎮火、浄化されてきたからかもしれません。教育現場で子どもたちを助けてきたつもりでしたが、実は自分が子どもたちに救われていたとも言えるかもしれません。

もっとも警察を辞めてすぐに教育の仕事についたのではなく、最初は漢方・薬膳の分野で起業しました。自分は刑事としてあれだけ能力を発揮できたのだから、ビジネスの世界でもやっていけると考えていたのです。バカですよね〜。結果的に、仕事は全然来ませんでした。

浅見　知能犯担当の刑事は心身ともに様々な能力が必要な大変なお仕事だと思うのですが、少なくとも営業の必要はないでしょう。待っていれば仕事がやってくる。激務には違いないですが、逆に言うと私たちのように起業した人間がもれなく味わうような「仕事がないかも」「売り上げがないかも」という不安とは無縁でいられる仕事だと思います。

榎本　ああ、たしかにそうですね。

浅見　私は三十代の初めに自営の道を選びました。自分で自分の仕事を作ることを選びました。なぜかというと、いくら売り上げの心配をしないですむとはいっても、私のような人間にとって大企業やお役所でのお勤めはつらそうに見えるのです。たとえば人事異動も、無駄なシステムに見えます。情熱を打ち込んでいる仕事から、ある日ひきはがされるのですから。職業選択の自由がないとしか思えません。榎本さんが刑事を続けられなかったのだってそうでしょう。

　学校の先生たちも職員室ポリティクスに疲弊していますが、自分で仕事仲間を選べないのだから同僚に不満を抱いて当たり前だと思っています。我々自営の人間には不安があるかわり、自分の仕事内容も一緒に仕事をする仲間も選べる度合いが大きいのだと思います。官で働く人はその選択の自由がない代わりに、安定を得ているのだと思います。どちらを選ぶかはそれぞれの置かれた状況と価値観にもより、自分次第ですが。

榎本　自分の場合は、「被疑者はクライアント」と思えても、尊敬できない上司や権威はクライアントとは思えなかったのが、組織人としては弱点でした。当時の私は、家庭不和も相まって、職場の中では、生意気盛り・反抗期でしたので、署長、副署長、課長以下、全員、上司に対しては、人柄ではなく、技量を試すような嫌な部下だったと思います。

組織政治と言ったものには目もくれず、自分の技量だけを磨いて、不偏不党を貫けば良いのだと信じていました。

浅見　私も組織人としては、本当にダメな人でした。働き者だったせいか上にはかわいがられましたが、それ以外はうまくいきませんでした。そして組織人としてはダメな自分を受け入れたからこそ、組織に生きないでいいように頑張ってきたと思います。身内の論理、かばいあいを大事にして社会正義をないがしろにするようなコミュニティの同調圧力が苦手で、そこに絡めとられずに、しかも食い扶持に不自由しないで生きられるか、今も自分で人体実験している感じです。そして「意外とやれるなあ」という実感があります。

たぶん、「組織の中では生きられないけれど社会の中では生きられる」私たちのような人間を育てる教育も必要だと思うのですよ。とくに凸凹な人たちに向けては。

組織の中で生きられなくても、社会の中で生きられる人もいる。

榎本　子どもの頃を振り返ると、私は小学生の頃から『東洋体育の本』という本を熟読して、気功や経絡、漢方、ヨガといった東洋体育・医学・思想にハマって、その生き方を実践していました。

そして、高校三年生のときに、早稲田大学に人間科学部という学部があり、そこでソニーの創業者、井深大さんの寄附講座「東洋医学の人間科学」が開講されていることを知りました。

小学生のときには東洋体育、高校生のときには古流武術に傾倒していた私は、迷わずスポーツ科学科を専攻して、身体的なアプローチから「人間」を学ぶこととなったのです。

学生時代には、日本にはない、より東洋的なものへの憧れから中国に一年留学して、運命的にダンスと出会い、研究者を目指して進学した大学院をドロップアウトしました。ダンサーとして表現者を目指すものの、生活苦から、一転、警察官、刑事となり、泥臭い人間模様を追いかけるようになります。

そして警察を辞めていろいろやってみましたがダメで、なんだ自分はダメなんだ、ということを見つめて、認めて、そこから始めようと思いました。いわば、あきらめたのです。でもあきらめるとは、明らかに見る、明らかにするというのが語源らしいです。そこで自分のできることとできないことを俯瞰して、とりあえずは好きなことから始めようと思いました。

私がダンスをやってもお金にはなりませんでした。でも体温は上がるし身体は弛むし、フロー（没頭）状態に入れるので、束の間、生きる希望は湧いてきます。ダメだけど生きてるし。ダメな自分を見つめて認めて開き直るところから始めようと思ったのです。いわば、好きなことから再起動です。

飲食店で働いたり、深夜のコンビニでも働いたり、色々やってみて、それなりにうまくいっていたのですが、なぜか予備校の講師、特別支援教育の支援員、児童デイの指導員など、教育の世界だけは縁が続きました。今は「身の程を知って、でも絶望はしない」という心境です。これからも、好きなこと、夢中になれることをやっていこうと思います。仕事になるかならないかわからないけど、とにかく犯罪ではないことを。そうすれば、仕事になることもあるでしょう。

元刑事として皆さんへ

榎本　ここで、この本をご覧になっている賢明な読者の皆さまへ、元知能犯刑事の立場から一言、アドバイスをさせてください。

世の中には、人心操作や洗脳のように、他人を心理的に支配する目的で本を読んだりする人がいるようです。誤解を恐れずに言いますと、麻布署で五年間、知能犯捜査、告訴事件を担当していた体験から、そういう読み方には気をつけた方がいいと、私は思っています。だから、皆さんも気をつけてください。

　また元警察官、元刑事と言っても、世の中にはもちろん悪い人がいます。このことも、私自身への自戒の念を込めて、皆さんにお伝えしておきます。

　嘘をつくことは、人間にとって当たり前のことで、むしろ社会性の表れ、気遣いという面もあります。嘘を嘘と見抜くこと自体は、実害のある場合を除いてはさほど大切なことではありませんので、それを糾弾することに興奮を覚えるようだと、「尋問者」の役割に囚われてしまっていることになります。

　この本でご紹介しているように非言語で信頼関係を醸成していくことは、とても有効だと思います。しかし、仏心を忘れ、鬼手のみを悪用して、相手を心理的・肉体的に支配しようとすれば、いつの間にか自分自身がダークサイドへ堕ちていることを決して忘れないでください。

　最後に、今回この本を書かせていただくにあたって、浅見さんやその他の皆さまとのご縁を振り返ってみました。私が東洋体育やダンスの道から、一転、刑事となり、そして教育や発達支援の分野へと旅を続けて来たことも、これからの世の中にとって、何かしら意味があるのかもしれません。

　刑事警察のスローガンにこういうのがあります。

・速い反応
・鋭い感覚
・広い視野

　私が刑事を目指したときの一つのきっかけが、この刑事警察スローガンでした。警察では犯罪の予防と制止、そして初動対応の大切さを学びました。今後も人生の中で、それを活かしていきたいと思っています。

浅見　榎本さんがこれから何をおやりになるのかわかりませんし、発達障害の世界に今後どれくらいご縁があるかわかりませんけど、発達障害を取り巻く人々に榎本さんが伝えられることはきっとあるはずだと思います。

　速い反応、鋭い感覚、広い視野。そして身体アプローチ。声なきに聞き、形なきに見る観察力。危機の際にはさっと動くこと。

　それは「真剣に共存を考える」方法をみんなで考えていくうえで、大切なものばかりですから。

参考文献

【犯罪、警察などに関連する本】

『刑法総論』 安西溫＝著（警察時報社）
『刑法各論』 安西溫＝著（警察時報社）
『大コンメンタール刑法第2巻〈第35条〜第37条〉』 大塚仁＋河上和雄＋中山善房＋古田佑紀＝編（青林書院）
『大コンメンタール刑法第3巻〈第38条〜第42条〉』 大塚仁＋河上和雄＋中山善房＋古田佑紀＝編（青林書院）
『大コンメンタール刑法第9巻〈第174条〜第192条〉』 大塚仁＋河上和雄＋中山善房＋古田佑紀＝編（青林書院）
『大コンメンタール刑法第12巻〈第230条〜第245条〉』 大塚仁＋河上和雄＋佐藤文哉＋古田佑紀＝編（青林書院）
『大コンメンタール刑事訴訟法第4巻〈第189条〜第246条〉』 河上和雄＋中山善房＋古田佑紀＋原田國男＋河村博＋渡辺咲子＝編（青林書院）
『性犯罪・児童虐待捜査ハンドブック』 田中嘉寿子＝著（立花書房）
『よくわかるリベンジポルノ防止法』 平沢勝栄＋三原じゅん子＋山下貴司＝著（立花書房）
『企業犯罪への対処法――刑事事件のリスクマネジメント』 小林英明＝編著（中央経済社）
『こころのりんしょうà・la・carte』第28巻第3号〈特集〉精神鑑定と責任能力 吉川和男＝編著（星和書店）
『法と心理』第16巻第1号〈特集〉自閉スペクトラム症と少年司法 法と心理学会＝編（日本評論社）
『犯罪者はどこに目をつけているか』 清永賢二＋清永奈穂＝著（新潮社）
『性犯罪者の頭の中』 鈴木伸元＝著（幻冬舎）
『営業と詐欺のあいだ』 坂口孝則＝著（幻冬舎）
『アスペルガー症候群の難題』 井出草平＝著（光文社）
『サイコパス』 中野信子＝著（文藝春秋）

『警察手眼――日本警察再生への処方箋』　久保博司＝著（講談社）
『警察手眼』　川路利良＝著

【発達障害に関する本】
『一緒にいてもひとり――アスペルガーの結婚がうまくいくために』　カトリン・ベントリー＝著／室﨑育美＝訳（東京書籍）
『ギフテッド――天才の育て方』　杉山登志郎＋岡南＋小倉正義＝著（学研プラス）
『行動障害のある人の「暮らし」を支える』　牛谷正人＋肥後祥治＋福島龍三郎＝編（中央法規出版）
『発達障がいのある子どもへの支援介助法――子どもに痛みを与えないパニック対処スキル』　廣木道心＋斎藤富由起＋守谷賢二＝著（ナカニシヤ出版）

【花風社の本】
『自閉症者の犯罪を防ぐための提言――刑事告訴した立場から』　浅見淳子＝著
『発達障害、治るが勝ち！――自分の生き方を自分で決めたい人たちへ』　浅見淳子＝著
『発達障害は治りますか？』　神田橋條治・他＝著
『愛着障害は治りますか？――自分らしさの発達を促す』　愛甲修子＝著
『脳みそラクラクセラピー――発達凸凹の人の資質を見つけ開花させる』　愛甲修子＝著
『芋づる式に治そう！――発達凸凹の人が今日からできること』　栗本啓司＋浅見淳子＝著
『自閉っ子の心身をラクにしよう！――睡眠・排泄・姿勢・情緒の安定を目指して今日からできること』　栗本啓司＝著
『人間脳の根っこを育てる――進化の過程をたどる発達の近道』　栗本啓司＝著
『人間脳を育てる――動きの発達＆原始反射の成長』　灰谷孝＝著
『自閉っ子、こういう風にできてます！』　ニキ・リンコ＋藤家寛子＝著

【組織、教育、心理、身体に関する本】
『ひとはなぜ戦争をするのか』　A・アインシュタイン＋S・フロイト＝著／浅見昇吾＝訳（講談社）
『フロー体験入門――楽しみと創造の心理学』　M・チクセントミハイ＝著／大森弘＝監訳（世界思想社）

『人材は「不良社員」からさがせ――奇跡を生む「燃える集団」の秘密』

天外伺朗＝著（講談社）

『〈人間性教育学シリーズ1〉教育の完全自由化宣言！――子どもたちを救う七つの提言』

天外伺朗＝著（飛鳥新社）

『すべては子どもたちの学びのために――不登校、いじめ、勉強嫌いがなくなった学校』

原田浩司＝著（あめんどう）

『エブリデイ・ジーニアス――「天才」を生み出す新しい学習法』

ピーター・クライン＝著／井出野浩貴＋永田澄江＝訳（フォレスト出版）

『天才のノート術――連想が連想を呼ぶマインドマップ〈内山式〉超思考法』

内山雅人＝著（講談社）

『インプロ――自由自在な行動表現』

キース・ジョンストン＝著／三輪えり花＝訳（而立書房）

『クリエイティヴ・マインドの心理学――アーティストが創造的生活を続けるために』

ジェフ・クラブトゥリー＋ジュリー・クラブトゥリー＝著／斎藤あやこ＝訳（アルテスパブリッシング）

『英雄の旅 ヒーローズ・ジャーニー――12のアーキタイプを知り、人生と世界を変える』

キャロル・S・ピアソン＝著／鈴木彩織＝訳（実務教育出版）

『聖なるヴィジョン』

ジェームズ・レッドフィールド＝著／山川紘矢＋山川亜希子＝訳（角川書店）

『あなたは私　私はあなた――この素晴らしき「気」の世界』

清水義久＝著（風雲舎）

『あなたは、なぜ、つながれないのか――ラポールと身体知』

高石宏輔＝著（春秋社）

『インナーゲーム　オブ　ストレス――内面の障害に打ち勝つ！』

ティモシー・ガルウェイ＋エド・ハンゼリック＋ジョン・ホートン＝著／姉歯康＝訳（日刊スポーツ出版社）

『〈別冊宝島35〉もっとしなやかに生きるための東洋体育の本』

津村喬＝著（JICC出版局）

著者紹介

榎本澄雄（えのもと・すみを）

株式会社 kibi 代表取締役。

『坂の上の雲』の舞台、愛媛松山生まれ。松山北高校卒業（初代校長は秋山好古先生）。早稲田大学人間科学部スポーツ科学科卒業。

警視庁警察官拝命後、都内最多件数の告訴事件を抱える麻布署刑事課知能犯捜査係主任刑事として、最古参の捜査員となる。社会的反響の大きい詐欺・横領・名誉毀損事件を数多く担当。六年あまりで警視総監賞四件、刑事部長賞七件、組織犯罪対策部長賞三件受賞。

現在は、株式会社 kibi 代表取締役として、東京練馬を中心に非言語教育、言語教育、遵法教育を進めている。

株式会社 kibi ウェブサイト　http://www.kibiinc.co

元《もと》刑事《けいじ》が見《み》た発達《はったつ》障害《しょうがい》
真剣《しんけん》に共存《きょうぞん》を考《かんが》える

2018年 1月31日 第一刷発行

著者 榎本澄雄

デザイン 土屋 光
発行人 浅見淳子
発行所 株式会社花風社
〒151-0053 東京都渋谷区代々木 2-18-5-4F
Tel：03-5352-0250 Fax：03-5352-0251
Email：mail@kafusha.com URL：http://www.kafusha.com

印刷・製本 中央精版印刷株式会社

ISBN978-4-909100-01-6